AF377809

HISTOIRE
DE LA VIE
ADMIRABLE
DE SAINCT ROCH,
propice contre la peste.

Le tout colligé de divers Autheurs
par le P. ODO DE GISSEY
de la Compagnie de Iesus.

A TOLOSE,
Par IEAN BOVDE, à l'Image sainct
Iean, denant le College de Foix.

Auec approbation des Superieurs.
M. DC. XXXII.

A
MES REVERENDS
PERES, LES RR. P. P.
Minimes du Conuent
de S. Roch à Tolose.

MES REVERENDS
Peres, ces fueillets deſi-
rans d'aller treuuer ſainct
Roch pour luy rendre mes de-
uoirs & luy proteſter de l'affection que ie luy porte, ils n'ont
oſé ſe rendre à luy ſans ſe preſenter
premierement à vos Reuerences,
qui gardent le Sanctuaire, d'ou il ſe

rend propice à pleusieurs personnes,
qui luy vont offrir leurs vœux &
mendier secours en leurs afflictions.
Ce bon-heur de vostre Oratoire se
treuue en beaucoup d'autres de vos
Conuents, plusieurs desquels reco-
gnoissent pour Patron sainct Roch.
C'est vne marque asseurée de l'a-
mour que vostre sainct ordre porte à
S. Roch, & de l'amour que S. Roch
porte à vostre sainct ordre, à raison
que entre les sainctes ames l'amour
est reciproque & l'amitié parfaicte.
Ceste consideration m'a conuié à
vous presenter ce petit trauail entre-
prins en l'honneur de sainct Roch,
me persuadant qu'il seroit tant plus
au gré de sainct Roch, qu'il seroit
mieux venu de ceux qui cherissent

EPITRE.

& honorent sainct Roch. Excusez
l'Autheur, s'il vous offre chose si
petite. Il ne peut pas offrir grande
chose, puisqu'en tout il est petit.
Il n'a rien de grand que l'affection, en laquelle vostre vertueux institut ayant bonne part il
presente à vos reuerences ce liuret,
vous suppliant de le voir de bon œil,
& de le receuoir d'vn cœur pareil,
puisque d'vne semblable volonté vous
le dédie.

Vostre tres-humble & tres-
affectionné seruiteur, Odo de
Gissey dela Cõpagnie de Iesus.

AVTHEVRS
qui ont escrit de
S. Roch.

Albert Krantzius.
Aloïs Maldura.
François Diedo Venitien.
Diuers Breuiaires comme d'Ausch, du Puy, d'Agde, &c.
Quelques manuscrits anciens
Le Threfor des Predicateurs.
Pierre de Natalibus.
Baronius.

Bzouius.

Le Thresor de la vie humaine.

Le Martyrologe Romain &
autres.

L'Epitome de Surius.

Baptiste Fulgose.

Pierre Pin.

Claude de la Rouë.

Carmelitarum fasti.

Chronica Chronicorum.

Volaterranus.

Octauio Panciroli.

Philippus Bergomas.

Sabellicus.

LA VIE
DE S. ROCH
CONFESSEVR,
reclamé contre la Peste.

MOTIF DE CESTE vie : Sainct Roch natif de Montpelier ; les noms de Montpelier ; pere & mere de S. Roch.

CHAP. I.

Ous voyons par experience au seruice de Dieu, & par effet és vies des Saincts, que ceux qui font

les plus soigneux de tenir à cou
uert leurs vertus & saincteté, ont
aussi esté ceux qui ont esclatté
& resplendy d'auantage en l'E-
glise de Dieu. Pource que c'est
le propre de Dieu de plus en-
noblir & illustrer ses seruiteurs
que plus il les voit s'auilir &
mespriser pour l'amour de luy:
car luy estant celuy qui allume
ces chandelles, il ne les cache
sous le muy, ains il les place sur
le chandelier, à ce qu'elles luy-
sent & esclairent ceux qui sont
en sa maison la saincte Eglise
Catholique. Cecy se verifie
merueilleusemēt biē en sainct
Roch, lequel donnant congé,
voire tournant le dos & fuyant

tant de biens & d'hõneurs que
ſes anceſtres luy auoient laiſſé,
il ſe iettoit aux Hoſpitaux, & ſe
fourroit parmy les pauures pe-
ſtiferez, & en fin treſpaſſa en
vne longue priſon incogneu
des ſiens propres, & dans la ville de ſa naiſſance : nonobſtant
toutesfois ces cachettes & re-
traittes, Dieu l'a tellement fait
cognoiſtre & rendu recommã-
dable à toute la Chreſtienté,
qu'à peine en voit-on vn apres
les Apoſtres plus renõmé parmy les Chreſtiens. Tant deſ-
criuains ont eſcrit ſa vie, que de
toutes les nations Catholiques
ily en a quelqu'vn : puis qu'il
y en a de France, Eſpagne, Ita-

lie, Alemagne & Pologne, qui
ont mis la main à la plume
pour le faire renommer. Ainſi
que l'on le peut deſcouurir des
Autheurs que i'ay rangez au
commencement & ſur le ſuëil
de cét œuure ; deſquels r'alliãt
ce que ie deduiray & adiouſtãt
ce que i'en ay leu & apprins autre part, ie tiſtray vn plus ample
traitté des geſtes & beaux faits
de ſainct Roch, que iuſques à
preſent il s'en ſoit encores mis
en lumiere, à quoy me conuiér
deux raiſons : la premiere, la
miſerable ſaiſõ, ou depuis trois
ans la Prooince de Languedoc
& les païs circonuoiſins ont
eſté affligez de peſte ; la ſecon-

de à ce que l'on ait recours en
telle affliction à ce sainct, auquel à mon gré on n'a pas eu
recours de la façon & auec la
ferueur que l'on pouuoit, qui
toutesfois a grace particuliere
de Dieu pour chasser ce mal si
odieux : outre la briefueté
auec laquelle ceste vie a esté
mise en françois, ou beaucoup
de choses côcernantes ce sainct
sont obmises, & quelques vnes
mal conformes à l'Histoire,
m'a induit à entreprendre cé
narré. Pour donc commencer
i'escriray auec la commune traditiue & diuers autheurs que S.
Roch fut enfant de la ville de
Montpelier, l'vne des princi pa-

les de la belle & plantureuſe
Prouince du Languedoc, en laquelle encores auiourd'huy ſe
monſtre ſa maiſon paternelle,
voire le baſton dont il ſe ſeruoit
en ſes pelerinages. Le pere de ee
ſainct s'appelloit Iean, lequel
eſtoit Cheualier ou Gentilhõ-
me de Montpelier, ainſi que
le qualifie l'office de S. Roch
de l'Eueſché d'Agde en Languedoc tiré de François Diedo
Venitien & d'vn ancien M. S.
de Bzouius & d'autres que ie
citeray cy-apres. Commune-
ment toutesfois les autres Autheurs rehauſſans dauantage
les qualitez de ce Iean pere de
ſainct Roch, le font ſeigneur

de Montpelier, quoy que parmy les Côtes ou Seigneurs de Montpelier ie n'aye peu autre part qu'en la vie de S. Roch l'ire rien de ce Iean seigneur de Montpelier. Albertus Krantzius, lequel au dire du Cardinal Belarmin, au liure *De scriptoribus Ecclesiasticis. Est vir admodum diligens in scribendis historiis*; Est hôme fort diligent à escrire l'histoire, en son histoire Ecclesiasticque appellée autrement Metropolis, l. 9. ch. 25. fait Seigneur de Montpelier le pere de sainct Roch en ces termes. *Rochus Narbonensis prouinciæ nobilis iuuenis, cuius pater erat dominus oppidi Agathopolis, in locuplete*

hereditate dimissus a parentibus.
Roch ieune Gentilhomme de
la Prouince Narbonnoise fut
laissé par ses pere & mere en
vne riche hoirie, son pere estant
seigneur de la ville de Montpelier. En quoy il est suiuy de Ga-
briel de Volterre l. 3. de sa Geo-
graphie, de Pierre de Natalibus & d'autres. C'est Autheur
appelle la ville de Montpelier
Agathopolis, ainsi que l'ont
appellée plusieurs autres, selon
la remarqne de Volaterranus
au lieu cité, lesquels ont esté
mal instruits de la topographie
ou description des lieux, à raison du   voisinage des villes
d'Agde & de Montpelier, pour-

ce ont ils donné à Montpelier
le nom d'Agatha, lequel toutesfois ne signifie pas Montpelier, ains Agde, comme l'on
peut voir encores auiourd'huy.
Car les Euesques d'Agde s'ap-
pellent Agathenses, & ceux de
Montpelier Monspelienses. Ce
que d'ãtiquité se confirme aussi
des Conciles d'Agde l'an 506.
& de Maguelone l'an 894. Blõ-
dus suiuy de quelques moder-
nes en sa premiere decade l. 10.
maintient que Montpelier a
esté appellé des Latins Substan-
tion, en quoy toutesfois il s'e-
quiuoque, ainsi que sçauent
ceux qui ont quelque cognoissance de ces lieux-là. Quelques

interpretes de Cesar, voire des
mieux entendus en son histoire, nomment ceux de Montpelier Nitiobriges, tels sont Mar-
lianus & Vigenere. Mais laissãt
ces appellations ie diray que
ceste ville pour le present se nõ-
me Monspessulanus ; le mot
françois approche plus du mot
Monspuellaris, dont ceste ville
quelquefois est appellée, selon
que le remarquent Claude Robert en sa Gaule Chrestienne
apres Cenalis Euesque d'Aurã-
ches; comme qui diroit Mont-
puellier ou des pucelles. Ceste
cõtrouerse demeslée ie dis que
le pere de sainct Roch estoit
ou seigneur de Montpelier, ou

seigneur & Cheualier habitant
dans Montpelier. Sa mere est
baptisée ordinairement du nõ
de Libera, ou selon d'autres de
Frãca. C'est à dire Libre, Franche ou Françoise. Les leçons
que l'on lit en l'ancien Breuiai-
re de l'Archeuesché d'Ausch
font sainct Roch, si noble qu'elles asseurent que sainct Roch
estoit parent du Roy de France, sans toutesfois qu'elles declarent, si ceste parenté estoit
du costé de son pere ou de sa
mere. Maldura en la vie de S.
Roch escrit que le pere de S.
Roch commandoit à la ville
de Montpelier auec équité &
prudence, & cependant estoit

chery de tous, ayant la crainte
de Dieu. Car cōbien que prefque toute fa vie il fe fuft exercé
aux armes & au train de la
guerre, fi eft-ce qu'il ne faifoit
pas beaucoup d'eftat des plai-
firs de ça bas, ny de tout ce que
les mondains prifent en ce
monde, fe perfuadant fainéte-
ment que rien ne manque iamais à ceux qui craignent &
ayment Dieu, ains que pluftoft
ils ont des biens autant qu'ils
en ont befoin, & que toutes les
chofes leur fuccedent à fouhait.

SAINCT ROCH CONCEU
par prieres addressées à la mere
de Dieu : il naist auec la croix :
il ieusne deux fois la semaine
estant encores à la mamelle.

CHAP. II.

E seigneur Ieau estant
allié par mariage auec
Franche passa plusieurs
années auec elle en sterilité &
sans fruict, Franche se trouuant
brehaine & debile de force
pour pouuoir conceuoir des
enfans. C'est pourquoy ce ver-

tueux seigneur se voyant ja sur
le tard de son âge, & en cét
estat, il exhorte sa femme pa-
reillement vertueuse d'auoir
recours à nostre Seigneur & à
sa tres-saincte Mere, à ce que
ce fust le bon plaisir de nostre
Seigneur par l'entremise de sa
pucelle Mere de leur departir
lignée & posterité, que depuis
tant d'années ils souhaittoient
auec passion, adioustant à ceste
priere, que si tant estoit que ce
fut le bon plaisir de la diuine
bőté de leur faire part de quelque enfant, qu'il fut tel & si biē
qualifié qu'il peut profiter au
public, auec la grace de Dieu;
l'honneur & la gloire duquel

non seulement il puisse recher-
cher, ains de plus l'accroistre &
l'illustrer. Sa vertueuse femme
qui marchoit d'vn pas esgal à
son mary en la deuotion enuers la Vierge mere, ne fut dif-
ficile à se laisser persuader aux
sainctes exhortations d'iceluy,
partant elle addresse ses vœux
& ses prieres à ceste benoiste
Dame en tels ou semblables
termes tournez du latin de
Louys de Maldura. Mere de
misericorde, Royne du monde, pucelle àtout iamais, espoir
du genre humain, doux & a-
greable refuge des personnes
affligées, qui faites part de vostre secours à tous les mortels,

qui se retirêt deuersvo⁹;ie vous
supplie de vouloir auoir souue-
nance de vos seruiteurs & de
leur tendre la main fauorable,
attendu qu'ils se confient vniquement en vostre pitié & cõ-
passion. Nous vous supplions
donc Vierge tres-humblemêt
que condescendant à nos sou-
haits, si c'est l'honneur de vostre fils & le biẽ de la religion
Chrestienne, qu'il vous plaise
nous impetrer vn fils, du fils
que vous auez porté pour le salut du genre humain. Nous ne
presentons pas ceste requeste à
ce qu'il augmente nos moyens,
conserue le lustre & le nom de
la maison, ou paroisse parmy

les

grandeurs du monde: ains plustost à ce qu'il depar te aux mi-
serables & souffreteux de ses
moyens, serue vostre fils nostre
Redempteur, cherche la gloire
d'iceluy, & s'essaye en toutes
façons & par toute maniere de
luy plaire & agreer, fust-il auec
le dommage de sa vie & le danger de la mort. Ceste bonne
Dame ayant prié bien chaude-
ment en telle ou semblable sorte la Mere de Dieu, il luy fut aduis que la Vierge l'auoit escou-
tée & qu'elle obtiendroit de
son fils ce qu'elle auoit deman-
dé. C'est vn bon conseil aux
mariez qui ne peuuent auoir
des enfans que de s'addresser & re-

courir à la Mere de Dieu. à rai-
fon que tel recours leur reüffit
heureufement fouuentesfois.
Ainfi lifons nous au 3. Tome
des Chroniques des Freres Mi-
neurs l. 2. ch. 1. que les Pere &
mere de S. Bernardin prians
continuellemēr pour tel effect,
leur fouhait fut accomply, la
mere accouchant d'vn fils, qui
fut fainct Bernardin tant renō-
mé dépuis en l'Eglife de Dieu
pour fes predications & faincteté de vie. La mere de fainct
Roch s'en retourna à la maifon,
& raconta à fon mary par le menu l'oraifon auec les eflans d'ōt
elle auoit vfé en icelle, outre la
grande cōfiance qui s'en eftoit

enſuiuie , qu'elle ſe verroit en
bref mere d'vn fils ; ainſi que
par effet elle s'en vit mere dans
peu de temps apres. Ce fut l'an
1295. de noſtre ſalut, que le petit enfant S. Roch print naiſſance en ce monde, engendré d'vn
pere & d'vne mere, qui auoient
atteint la ſaiſon de vieilleſſe ;
ainſi que la Vierge Marie , de
Ioachim & d'Anne , par vne
pareille grace de Dieu. Il en y
a qui s'eſtonnent, comme c'eſt
que ceſt enfant fut appellé
Roch , d'vn nom nouueau &
non vſité entre les Chreſtiens ,
qui ordinairemēt au bapteſme
impoſent aux enfans le nom de
quelque ſainct , & non point

des noms forgés à la volée, ou
par fantasie. Toutesfois comme le sainct fils de Zacharie fût
appellé Iean (c'est à dire) grace de Dieu, quoy qu'il n'y eût
aucun en leur race qui portast
telle appellation, ainsi l'enfant
de ces deux vertueux mariés
par vne dispensation diuine
porta le nom de Roch, comme celuy qui deuoit estre fer-
me à guise d'vn Roc & rocher
à l'encontre de toutes les diffi-
cultez qui se pourroient ren-
contrer, selon qu'il en rencon-
tra plusieurs pour le seruice de
Dieu pendant le cours de sa
vie. L'enfant Roch nâquit tres-
beau, & par vne extraordinai-

re merueille auec vne croix
rouge en la poitrine sur l'esto-
mach; au rapport de l'histoire
des Carmes , asseurant cela en
particulier. Ceste croix estoit
tirant sur le costé gauche &
proche du cœur , pour signif-
fier sa deuotion à la croix, & les
miracles qu'il deuoit operer
auec le signe de la croix ; La
mere fût extraordinairement
estonnee de voir cest escusson
pourpré du fils de Dieu imprimé au corps de son fils : elle l'en
cherit d'auantage , & conceut
dessors vne opinion que cest
enfant seroit vn grand seruiteur de Dieu & bien chery d'i-
celuy. Partant elle se resoult de

le nourrir elle-mesme, & de ne
se seruir d'aucune autre nourrice pour l'alaicter, puisque cest
enfant conceu miraculeusemét
naissoit auec de si pretieux ga-
ges d'vne saincteté á venir. Ceste mesme histoire adjouste
que tandis que sa mere l'alai-
ctoit il se comporta à succer le
laict d'icelle d'vne maniere du
tout prodigieuse , pource que
cest enfãt qui par prieres auoit
esté obtenu , ainsi que le grand
sainct Nicolas Euesque de My-
re en Grece : aussi de mesme
que le mesme sainct Nicolas il
ne prenoit la mamelle de sa
mere, & ne vouloit tetter qu'v-
ne seule fois les iours de Mecre-

dy & Vendredy, quoy qu'aux autres iours il tettast plus souuent, & autant que son petit corps en auoit de necessité. Il ensuiuoit auant l'age de raison, mais auec que raison, la pieté de sa vertueuse mere, laquelle à l'hõneur de la glorieuse Vierge Marie jeusnoit tous les Mecredys & Vendredys auec telle rigueur qu'à tels iours elle ne vouloit point manger qu'vne seule fois, à la façon des anciens Chrestiens, qui en leurs jeusnes ne mangeoient qu'vne fois, & ce sur les trois heures, ou sur le vespre, voire apres vespres, sans qu'ils vsassent de collation aucune ; qui toutes-

fois depuis par couſtume , &
par l'indulgence de l'Egliſe bô-
ne mere s'eſt introduitte peu à
peu parmy les Chreſtiens depuis deux cens ou trois cens
ans ; Car du temps de ſainct
Thomas d'Aquin qui viuoit
l'an 1270. ceſte collation n'e-
ſtoit pas encore en vſage , ainſi
que l'on le peut apprendre de
luy lors qu'il diſpute du jeuſne
en la ſeconde partie de ſa ſecô-
de; queſtion 147. article 6. & 7.
C'eſt pourquoy le meſme S.
Docteur ſur le 4. des ſentences
d ſt. 15. article 4. declare que;
Omnia; quorum vſus eſt manduca-
ri, frangunt jeiunium vltra vnicam
comeſtionem ſumpta. Tout ce qui
eſt

par deſſus vn ſeul repas , ſi c'eſt
choſe propre à manger, rompt
le ieuſne. La raiſon pour quoy
ne ſe faiſoit collation pour lors
ſe collige du meſme ſainct Docteur ; c'eſt pource que l'on ne
diſnoit qu'à l'heure de None,
c'eſt à dire, de trois heures apres
midy : & en careſme, où le jeuſne eſtoit plus rigoureux, qu'à-
pres veſpres , & partant le diſ-
ner eſtant ſi tard on n'auoit beſoin de collation.

A QUOY SAINCT ROCH emploype sa jeunesse : Testament du Pere de sainct Roch. Ce S. perd ses Pere & Mere

CHAP. III.

E petit Roch estant sevré & retiré de la ma-melle & du laict, ne commença pas plustost à vser de viandes plus solides, qu'il ne commençast aussi à mener vne vie plus estroite, particulierement en ce qui concernoit l'abstinance des viandes. Car dés la cinquiesme annee de son

âge il mattoit son tendre corps,
qui est vne chose ordinaire à
ceux que Dieu donne au monde par prieres. Car ie remarque en l'histoire des saincts,
que tels enfans d'oraison se sõt
addonnés dés leur tendre jeunesse á l'austerité. Ainsi lisons
nous de sainct Nicolas Tolen-
tin de l'ordre de S. Augustin
obtenu par prieres & oraisons
de ses progeniteurs, qu'à l'âge
de sept ans il se mit à jeusner
plusieurs iours de la sepmaine.
Sainct François de Paule fon-
dateur du sainct ordre des Minimes; qui dans Tolose de S.
Roch sont appellés Roquets
par le vulgaire, obtenu apres

vne longue sterilité de mariage
par l'intercession du grand S.
François d'Assise, à treize ans
se retira és deserts, ainsi que S.
IeanBaptiste en ses tendres ans,
selon que chante de luy, l'Eglise s'escarta és deserts & lieux
plus sauuages. La mere de Dieu
la Vierge Marie venuë au monde apres beaucoup de vœux &
de larmes de sainct Ioachim &
de saincte Anne ses pere & mere, à trois ans quitta la maison
de son pere & se retira au Té-
ple, au sejour deuotieux de
plusieurs sainctes ames, qui y
seruoient Dieu iour & nuict.
Mais retournons à S. Roch:
estant paruenu à l'âge de douze

ans , oú les ieunes gens commencent à ouurir les yeux & cognoistre ce qui est de raison; au lieu que les enfans en telle saison s'addonnent aux delices, sainct Roch fuyoit autant qu'il luy estoit possible les festins, passetemps & pompes du mode , auec tout ce qui est des delices & plaisirs d'iceluy; employant ce qu'il auoit d'argent, plustost aux aumosnes, qu'aux ieux & esbats de jeunesse. Bzonius soubs l'an 1227. semble indiquer que l'Apostre S. Paul apprint à sainct Roch la façon de matter son corps , puisqu'il escrit de sainct Roch. *Duodecimum annum ingressus ab Apostolo*

Paulo edoctus corpus suum castiga-
re, & in seruitutem redigere cœpit.
Estant entré en l'âge de douze
ans, enseigné par sainct Paul,
il cōmença á chastier son corps
& à le reduire en seruage. Il se
monstroit familier aux estran-
gers & pelerins , comme s'ils
eussent esté personnes de sa
cognoissance & esleués auec
luy. Il se rendoit aymable à
tous par le moyen d'vne vertueuse gaillardise de propos
bien adjancés , & le plus souuent spirituels, & de toutes autres façons conuenables à son
âge & à sa qualite. Il deslibera
deslors non seulement d'ayder
& secourir les pauures, ains en-

cores de les honorer ; au lieu
que la jeuneſſe prend plaiſir &
contentemét à perdre le temps.
Le contentement & principal
déduit de ſainct Roch eſtoit de
le bien employer ſur tout au
ſeruice de Dieu, & à s'infor-
mer des grandeurs & perfectiós
de Dieu. De ſorte que par tel
eſtude il acquit vne grande re-
putation. En ces entrefaites le
Seigneur Iean ſon pere abbatu
de maladie & vieilleſſe, n'atten-
dant pas vne plus longue maladie, fait venir à ſoy Roch ſon
fils, & luy tient ces propos.
Voicy mon fils, la ſaiſon en laquelle il faut que ie die à Dieu
à ce monde, pour aller jouyr

du repos eternel, moyenant la
grace & misericorde de mon
Dieu , apres auoir passé à trauers des tépestes & des brouillis
de ça bas , dont nos iours pour
la plus part sont gastés & em-
brouillés. Or pource que ie te
cheris vniquement & comme
mon fils vnique, pour l'aduan-
cement duquel i'ay employé
mes soulcis iusques à l'heure
presente. Il faut auant que ie
paye le dernier tribut à nature,
& que mon ame se separe de
mon corps , que ie te donne
plus particulierement des aduis
salutaires , qui t'aydent à plus
seurement & heureusement
passer tes iours. Partant ie te

conjure de la part de noftre
Dieu & Sauueur que tu les re-
coiues de l'affection d'vn bon
fils , puis qu'ils te font donnés
de l'affection d'vn bon pere. Ie
te requiers donc & te le commande en pere, que tu ayes vn
grand foin de feruir & honorer ton Dieu ,, & Createur. En
fecond lieu que tu ayes fouue-
nance, & fouuent des peines &
torments que noftre Sauueur a
foufferts pour toy, & pour tous
les hommes, par le moyen def-
quels il ouure aux ames le ciel
& les fauue de l'Enfer. Pour le
troifiefme ie t'exhorte que tu
preftes la main & donnes fe-
cours de tout ton pouuoir aux

pauures orphelins & aux vef-
ues, ainſi qu'aux autres perſonnes neceſſiteuſes & deſtituees
de ſecours humain. Donne toy
garde entre autres choſes de ne
te laiſſer point gaigner à l'aua-
rice , vice tres-pernicieux , &
que les gens ſages & vertueux
deteſtent   merueilleuſement.
Sçache que ſi des biens & che-
uances que ie te laiſſe en abon-
dance , tu viens à ſecourir les
miſerables, à colloquer en mariage les pauures filles, ſur tout
celles qui ſont orphelines &
ſans parents, à retirer les fem-
mes perduës, & qui ont proſti-
tué leur honneur , leur faiſant
quitter leurs desbauches , ſoit

en detestant leurs vices , soit
les reformant par la modestie
d'vn sainct mariage. Enfin si tu
és doux & misericordieux enuers tous; asseure toy que tu se-
ras aymé dé Dieu & des hommes. Si tu reçois les pauures
passans, si tu visites les malades,
& que tu ne desdaignes point
de les secourir & seruir ; Dieu
ne te desdaignera point, & ne
te priuera point de son assistan-
ce. Voila le testament & ordõ-
nance de derniere volonté d'vn
sage pere à vn sage enfant, non
de beaucoup dissemblable en
pieté à celle que S. Loïs quelque six ou sept-vingts ans auparauant auoit fait à Philippe

son fils, surnõmé le hardy, suc-
cesseur de ses estat & couronne.
Sainct Roch receuant le sainct
aduis de son pere , comme sa
derniere ordonnance, luy promet d'y satisfaire de point en
point, & de ne manquer aucu-
nement en fils , d'exploicter ce
mandement de son pere. Le
vertueux Seigneur pere de S.
Roch trespasse quelque peu de
iours apres. Il luy fit faire ses
obseques & funerailles selon la
dignité de sa maison, auec beaucoup de lustre & de deuotion.
Il n'auoit pas encores essuyé les
larmes du dueil de son bien aymé pere , que voicy qu'elles se
renouuellent par la perte de sa

chere mere, esploree encor &
fort triste du decez d'vn si vertueux mary, les afflictions n'al-
lans pas ordinairement seules,
& sans suite & compagnie.
Voila sainct Roch bien affligé
& desolé rudement frappé de
ce double desastre. Il n'auoit
pas encores vingt ans accom-
plis. Or s'estant acquité du de-
uoir funebre enuers l'ame de
ceux qui l'auoient engendré &
donné la vie, il se met à exploicter ce qui estoit de la derniere
remonstrance de son pere: partant il tasche de se desfaire de
toute societé & compagnie, qui
le pourroient porter à faitardi-
se & à oysiueté aux bobances &

D

aux vices ; à la lafciueté & à la
desbauche , qui trop fouuent
gaftét ceux de tel âge & qualité ; fur tout lors qu'ils fe voient
affranchis du doux joug de
l'authorité paternelle, & auoir
la jouyffance du riche heritage
que leurs parents leur ont
laiffé.

DESSEING DE S. ROCH

il va en Italie; où il sert aux pesti-
ferez, & les guerit par le
signe de la Croix.

CHAP. IIIL

Pres cecy sainct Roch entrant en considera-tion de ce qu'il deuoit deuenir il se souuient du conseil de nostre Seigneur en S. Luc 13. *Vendite que possidetis &c.* Vendez ce que vous possedez & en baillez l'aumosne, faites-vous des sachets, qui ne vieillissent point, vn thresor à iamais

au ciel d'où le larron n'approche pas, ny la rouille ne le cor-
rompt pas. Ce sainct conseil
luy agrea tant qu'il commença
à distribuer en secret aux pauures les biens meubles que ses
pere & mere luy auoient laissé.
Il s'essayoit de bailler ses aumosnes le plus secrettement
qu'il pouuoit , de peur que la
vaine gloire ne ternit le lustre
& la belle couleur de ce bon
œuure, suiuant l'aduis de nostre
Seigneur sur ce subiet en sainct
Matthieu 6. disant à celuy qui
départit des charitez. Lors que
tu fais l'aumosne que ce ne soit
point à son de trompe, ainsi que
le font les hypocrites & dissi-

mulez , à ce qu'ils receuoient
de l'honneur du monde. Car
ie vous dis en verité qu'ils ont
receu leur loyer & recompense : lors que tu aumosnes de tes
biens que ta main gauche ne
sçache pas ce que fait ta main
droite. Ayant ainsi à l'honneur
de Dieu & de sa saincte mere
la Vierge Marie qu'il hono-
roit fort , distribué ses moyens,
& executé ce qui estoit du testament & aduertissemeut de son
pere, autant que son âge le pouuoit permettre ; se persuadant
qu'il ne pourroit pas rendre
beaucoup de bens offices à sa
patrie , il abandonne ses Sei-
gneuries , & donnant le soin &

gouuernement à son oncle des
villes & places qui estoient de
l'hoirie de son pere, auec toute
la charge du bien public, il se
resouls de prendre la route d'I-
talie. Il s'habille d'vn hoquet-
ton rouge qu'il affuble d'vn
meschant manteau ; il prend le
chapeau auec le bissac & le
bourdon de pelerin, des gue-
stres & triqueouses, & en cest
equipage sans aucun compai-
gnon se met en chemin vers
Rome. De ses accoustrements
de sainct Roch i'explique le dire de ceux qui ont escrit qu'il
print pour ce voyage l'habit du
Tiers ordre de S. François : car
en tant que i'ay peu lire & ap-

prendre des escriuains de l'ordre de S. François, il y a deux
sortes de compagnies du Tiers
ordre : l'vne qui est religieuse,
& vestuë de gris, l'autre qui est
de gens du monde , lesquels
portent le cordon dé S. François , chacun au reste habillé
selon la qualité , ou comme
bon luy semble , de quoy lise
qui voudra sainct Anthonin en
sa somme de Theologie partie troisiesme , tiltre 16. ch. 9 &
au troisiesme tome de ses chroniques tiltre 24. ch. 2. L'accou-
strement donc de S. Roch n'e-
stoit pas de ceux de la premiere compagnie, ains de la secon-
de. Tellement que S. Roch

estoit du second Tiers-ordre
de Sainct François, ainsi que de
la confrerie de nostre Dame
des Carmes qui portent la robette. Ce que ie dis pource que
i'ay veu quelques peintures an-
ciennes en l'Eglise des Carmes
de nostre Dame du Puy , où
estoient les saincts, qui ont porté la robette de nostre Dame;
entre lesquels estoit S. Loïs Roy
de France, & sainct Roch. Puis
que sainct Roch s'en va en Italie ie l'y suiuray auec le vol de
ma plume.   Ce sainct apres
auoir passé les Alpes & ces mon-
taignes qui diuisent la France
& Sauoye de la Lombardie &
de l'Italie il arriua à *Aquapen-*

dente ville d'Italie situee sur
vn haut mont, laquelle estoit
fort affligee de la peste; ce qu'é-
tendant S. Roch sur le champ,
il se transporta à l'hospital ou
maison Dieu, afin d'y seruir les
malades atteints de peste, ainsi
que quelques cent ans apres S.
Bernardin obtenu comme S.
Roch par les prieres de nostre
Dame se presenta à l'âge de 20.
ans en l'hospital de Sienne en
Italie dépourueu de personnes
qui voulussent rendre du seruice aux malades, l'air estant tout
corrompu & l'hospital plain de
morts & de malades. Sainct
Roch donc appelle le maistre
de l'hospital nommé Vincent

au recit de Loïs Maldura, & luy
tint le difcours fuiuãt deuifans
par enfemble. Ie vois cefte pauure maifon toute rẽplie de per-
fonnes miferables & perduës
de pefte, defquelles le nombre
n'eft pas petit, & cependant ie
te vois tout feul & abandonné
en cét Hofpital, tu n'as perfonne qui t'affifte à feruir tes malades. C'eft pourquoy ie te prie
de me vouloir receuoir pour
compagnon ; ie t'ayderay de
tout mon poffible & ne t'aban-
donneráy point tant que Dieu
me donnera vie & fanté. L'hof-
pitalier enuifageant ce ieune
Gentil homme luy repartit
gracieufement en cefte maniet

re: Monsieur voftre charité eft
grande enuers le prochain, &
pareille la confiance que vous
auez en Dieu, toutesfois ie ne
iuge pas que voftre ieune âge,
ny la complexion delicate que
vous auez puiffe fupporter vn
trauail fi long & affidu, ny endurer les puanteurs intolera-
bles de cefte maifon. Quoy (re-
plique fainct Roch) ne fçauez
vous pas qu'il n'y a rien de diffi-
cile à ceux qui fe fient à Dieu, fi
d'aduanture leur trauail eft
dreffé à l'honneur de Dieu fans
reffource d'autre recompenfe
que du Ciel. C'eft pour l'amour
de Dieu que ie me viens icy
ietter à l'abandon pour rece-

uoir le guerdon qu'il promet
en S. Mathieu 25. Ce que vous
ferez au plus petit de mes feruiteurs, est reputé fait à moy-
mesme. L'hospitalier recharge,
que sans le danger euidant de
sa vie il ne pouuoit estre admis
à l'hospital au seruice des malades de l'hospital, à raison que
tous estoient frappez de peste,
& que tous les iours plusieurs
en mouroiēt, sans que persōne
en eschapast. Il luy iure de la
part de Dieu que ce qu'il prononçoit estoit veritable, & partant qu'il ne falloit pas qu'il
s'exposast de la sorte, & se pre-
cipitast en vn si grand danger
de mort. Ha! adjouste-il, si
vous

vous sçauiez les larmes, les cris
& les plaintes qui sont en cét
Hospital, vous ne vous presen-
teriez pas de la sorte. Il n'y a
point de plaisir, point de loisir
ny de repos. Hé quoy s'escrie
sainct Roch, ny a-il pas plus de
recompense, ou il y a plus de
danger, lors que pour l'amour
de Dieu l'on s'y hasarde , on
ne donnoit pas des lauriers,
des couronnes ny des pal-
mes iadis à Rome à tous
ceux qui auoient esté en guerre, ains à ceux seulement qui
auoient courru plus de risques
& de hasards (tels qu'estoient
ceux qui auoient sauué la vie à
vn citoyen Romain) qui auoiẽt

E

franchy vn rempart & gaigné
vn logement , donné le premier l'escalade, ou fait leuer le
siege de deuant quelque place.
Que si ces anciens guerriers
pour gaigner vne couronne
mortelle, & qui se flaistrissoit
bien tost hasardoiët ainsi leurs
vies, pourquoy est ce pour en
acquerir vne immortelle gloire, & qui verdira tousiours, ie
ne me ietteray pas parmy les
perils & les affres de la mort
L'apostre escriuant à son Disci-
ple Timothee Epist. 2. chap. 2
asseure que personne ne sera
couronné que celuy qui aura
loyallement combatu. Voire
nostre Redempteur & maistre

n'asseure-il pas, qui perdra la
vie pour l'amour de luy en ce
monde, il se la reseruera en la
vie eternelle. C'est pourquoy
ie te prie Hospitalier mõ amy
me permertre que i'aille trouuer tes malades. Le maistre de
l'Hospital voyant ce ieune hõ-
me gaillardement haranguer
de la sorte, iugea qu'il se pre-
sentoit de la part de Dieu, &
qu'il y auoit danger que s'il s'es-
conduisoit,,il ne prouoquast la
diuine Majesté sur soy à quelque iuste courroux, & qu'il ne
priuast ses malades de quelques
grands biens que sa bonté leur
vouloit departir par l'entremise
de ce ieune homme. Ces deuo-

tes pensées de l'Hospitalier dõ-
nerent entrée en l'Hospital au
courageux pelerin François S.
Roch. Pource est-il conduit
par Vincent maistre de l'Hospital, aux malades qui gisoient
espars en cét Hostel-Dieu ça &
la. S. Roch courageux les visite
les vns apres les autres à guise
d'vn medecin qui taste le pous,
& les prend par la main, & les
signans du signe de la croix les
guerit & les leue sains & sauues
de leurs couches. Le Pere Ho-
race Turselin en la vie de sainct
François de Xauier de nostre
Compagnie l. 1. ch. 5. recite
que sainct Xauier au commencement de nostre Compagnie

ayant esté enuoyé par sainct Ignace pour seruir en l'hospital des incurables à Venise, où il sucça par deux fois l'aposteme d'vn pauure verolé, à fin de surmonter l'horreur qu'il en auoit, se proposoit pendant ce charitable seruice l'exemple de sainct Roch, lors qu'il pratiquoit tel exercice és hospitaux des pestiferez. Or sainct Roch ayant desinfecté & nettoyé l'hospital des malades, il va par la ville, il entre aux maisons des pestiferez, il les signe de mesme du signe de la croix & rend à tous la santé. Voila toute la ville en merueilleuse alegresse, d'vne si merueilleuse

santé, si merueilleusement ap-
portee, & venue sans estre at-
tendue ny esperee. Chacun
admire & s'estonne de voir ce
sainct pelerin , & prodigieux
medecin, qui sans drogues cau-
stiquees ny cataplasmes gueris-
soit si vistement & en si grand
nombre les malades ayant pur-
gé en peu d'heures vne ville
qu'en beaucoup de moys ou
d'annees tous les maistres de
la santé n'eussent peu guerir ;
veu mesmemēt qu'il ne s'estoit
seruy d'autre preseruatif , con-
trepoison, ou medicament que
du signe de la sacree croix ; qui
est vn excellent remede contre
tous maux , si auec foy & reue-

rence les hommes en sçauoient
vser. *Theophanes* autheur grec
en son histoire, laquelle a esté
tournee en latin par Anastase
Bibliothecaire, & est citee vul-
gairemét soubs le mot de Mis-
cella, que quelques vns attri-
buent à Paul Diacre, c'est au l.
17. en l'an 591. confirme mon
dire par ce recit, qui est que
Cosroës Roy de Perse enuoyát
à Maurice Empereur de Con-
stantinople certains Turcs cap-
tifs, lesquels portoient tous des
croix peintes en leur front;
l'Empereur leur demáda pourquoy, ils portoient la croix en
laquelle ils ne croyoient pas:
ces Turcs respondirent qu'il y

auoit quelques années qu'vne
cruelle peste rauageoit tout
leur païs, auquel se retrouuans
quelques Chrestiens, ils firent
sçauoir aux Turcs, que s'ils
vouloient empreindte ou pein-
dre en leurs fronts le signe de
la saincte croix, qu'ils seroient
preseruez de la peste, & que ce
mal se retireroit de leur païs. Ils
adiousterent foy à ce que leur
dirent ces Chrestiens & par le
moyen de ce signe de croix le
mal pestilentiel cessa, en souue-
nance dequoy tousiours depuis
ils auoient porté la croix en leur
front.

HUMILITE DE S. ROCH,
Il va à Rome, ce qu'il y fait.

CHAP. V.

Retournons à S. Roch vn chacun voyāt ceste prodigieuse guerison estoit tout rauy & extasié, particulierement ceux qui estoient releuez du mal, duquel ils n'esperoiēt iamais releuer, lesquels loüoient & benissoient la diuine bonté, de ce qu'elle leur auoit daigné enuoyer vne ame si saincte & qui auoit tant de

pouuoir à dechasser de tous ce
mal pestilentiel. S. Roch parmy
les benedictions que l'on bail-
loit à Dieu & à luy ne s'oublie
pas de l'humilité, vertu tant re-
cõmãdée par nostre Seigneur.
Car il se met à supplier de tout
son cœur tant ceux qui auoiẽt
receu guerison, que le reste des
citoyens d'Aqnapendenté de
ne vouloir point descouurir la
personne ny le nom de la personne, de laquelle Dieu s'estoit
seruy pour leur rendre la santé.
Mais considerant qu'il ny auoit
moyen de leur fermer la bou-
che, il gaigne au pied & s'en-
fuit à Cesna ou Cesena ville
aussi d'Italie en la Prouince de

Lombardie, ou la peste de mesme qu'a Aquapendenté faisoit vn rauage & degast pitoyable des habitans, ausquels il fut si propice à son arriuée que d'abord il nettoya & desinfecta ceste ville-la de toute la peste qui la depeuploit. Ce que ie vais adiouster est merueilleux rapporté briefuement par ceux qui ont escrit de l'ordre des Carmes & par Bzonius , mais plus au long par Maldura au liure cotté. Il aprint que la ville de Rome estoit la plus gastee de toutes celles d'Italie; c'est-pourquoy il s'y transporte à grande haste. Il y fut receu en l'Hostel d'vn Cardinal dont

personne ne specifie le nom
hormis Maldura qui le surnõ-
me Britannicus ou de Breta-
gne Prince d'honneur & de
bonté remarquable, lequel
estoit prisé de tous & en repu-
tation de saincteté. S. Roch lo-
gea en son palais se voulant cõ-
fesser à luy ; & de fait il s'y con-
fessa & receut le sainct Sacre-
ment de l'Autel de la main de
ce Cardinal, lequel enuisageãt
attentiuement sainct Roch, fut
estonné de voir que la face de
sainct Roch rayonnast à guise
d'vn Soleil. Ce fut pour lors
qu'il commença à faire estat à
bon escient du precieux hoste
qu'il auoit hebergé en sa mai-

son. Partant recognoissant la
la saincteté de Roch, il l'adiure
& coniure de vouloir donner
ordre à la maladie, qui vuidoit
toute la ville de Rome de citoyens & d'habitans, eu esgard
que ceste ville estoit la capitale
& metropolitaine du monde,
le domicile des vertus, seiour
des bonnes lettres, nourrice
des arts, le siege de sainct Pierre. A ceste charitable semonce
sainct Roch respód que la santé & la mort des hommes des-
pendoit entierement de nostre
Createur; que par ces afflictiós
publiques il chastie maintefois
les desbordemens, mechance-
tez & offences des hommes, &

qu'il en preſerue ceux qu'il iuge; que c'eſt à luy à redonner
la ſanté aux malades, puis qu'il
a bien le pouuoir de reſſuſciter
les morts. Toutesfois adiouſte-
il, pour ne point eſconduire
voſtre Seigneurie Illuſtriſſime,
ie luy recommenderay auec
ferueur & affection ce dont
vous me requerrez, eſperant
qu'il fera miſericorde à ceux
qui de bon cœur & d'vne ſince-
re volonté recourent à luy. Car
il a les bras ouuerts en croix
pour reçeuoir & embraſſer
ceux qui humblement ſe reti-
rent à luy. Alors ſainct Roch
ſe proſterne à genoux & deui-
ſant familierement auec ſon

Dieu luy disoit: Mon Seigneur
& Redempteur, ie sçay bien &
vous le cognoissez bien que
l'Oraison & la deuotion de ce
vertueux Cardinal est bien
mieux venuë deuant vous que
ne sont mes chetifues prieres :
toutesfois puisque vostre gran-
deur ne desdaigne point de
prester l'oreille aux requestes
qui luy sont presentées de la
part des plus petits, ie prendray
la hardiesse de vous supplier de
vouloir affranchir ceste Cité
premiere du monde, siege du
chef visible de vostre saincte
Eglise, des maux & maladies
contagieuses, dont elle se perd
peu à peu, en particulier ce S.

Cardinal, qui pour l'amour de
vous m'a hebergé ſi charitablement en ſa maiſon. Ie vous
requiers mon Sauueur que par
voſtre croix, on en vertu du ſigne de ceſte croix il ſoit preſer-
ué de tout peril & dãger. Ceſté
courte mais ardente oraiſon
paracheuée S. Roch ſe leue &
marque le front du Cardinal
du ſigne de la croix, de telle
ſorte que ce ſigne y reſta imprimé de meſme façon que s'il
euſt eſté graué d'vn fer rouge
ou de quelque cauſtique ſemblable. Le Cardinal quelque
temps apres ſorty de ſon palais
pour aller par la ville fit eſton-
ner & parler force gens qui

ſe

se mocquoient deluy, dit Bzonius, & luy demandoient que
vouloit dire ce signe imprimé
ainsi en son front ? C'est respõ-
doit aux vns & aux autres le
Cardinal, vn homme de Dieu
qui me l'a imprimé au front
pour me preseruer de la peste.
Il y en auoit qui loüoient le fait
de sainct Roch, d'autres persua-
doient au Cardinal d'effacer
ceste croix, qui luy deffiguroit
tout le visage. Le Cardinal per-
suadé par ceux-cy fut tout hõ-
teux, partant estant de retour
en son palais & ne pouuãt supporter ceste hôte, qui luy char-
goit les ioües & toute la face,
appelle S. Roch & le prie instã-

ment de luy vouloir enleuer
cefte croix, qu'il luy auoit pla-
cée fur le front, de peur que cõ-
me l'on auoit ja commancé, on
ne fe trufaft de luy. A quoy S.
Roch repartant modeftement
luy dit, Monfeigneur, il n'y a
point de foldat, qui foit hon-
teux de porter la liurée de fon
Prince ; voire tous ceux qui
font à tel feruice tiennent cela
à gloire & à honneur, n'eft- ce
pas pour cela que S. Pierre & S.
André Apoftres & freres fe fõt
refiouis d'eftre fichez & eftendu en croix, & fe font eftimez
fort honorez d'auoir le bien
que de mourir en croix ou leur
maiftre auoit prins mort S. Frã-

çois homme de tres-saincte vie trespassé enuiron vne centaine d'années, n'a point rougy ny tenu à honte de receuoir les stigmates & les playes des pieds & mains de nostre Seigneur en ses pieds & en ses mains. Il les portoit à guise d'vn trophée de gloire & de victoire ; Hé pourquoy Monseigneur vous hontoyez vous ou mesprisez vous de porter le signe du salut, où le fils de Dieu pour racheter voirement tout le monde a esté crucifié pieds & mains percees , & le costé oultré auec grande deshōneur. portez Monseigneur , portez l'estendart de vie & de salut,

afin de gaigner la grace & bien-
veuillance de voftre maiftre &
redempteur, lequel a pronon-
cé de fa propre bouche, que qui
veut entrer en la vie eternelle,
il faut qu'il porte fa croix & le
fuiue auec ce fardeau, que luy-
mefme a porté fur fes efpaules.
Le Cardinal fort fatisfait de la
remonftrance de fainct Roch
y acquiefce du tout, refolu de
garder cefte croix en fon front
quoy que l'on en puiffe parler
ou s'en mocquer. Il faut efcar-
ter de la verité de cefte hiftoire
ce qu'vn efcriuain de la vie de
fainct Roch, c'eft Malduracou-
che en la fienne efcriuant que
fainct Roch fut conduit par ce

Cardinal au sainct Pere, lequel pour lors ne s'ejournoit dans Rome, ains dans Auignon depuis l'an 1305. que Clement 5. Pape du nom y transporta le siege de sainct Pierre, auquel temps sainct Roch n'auoit que dix ans & estoit encore en la maison de son pere; & depuis ceste anne 1305. nul Pape ne siegea dans Rome iusques à l'annee 1377. en Ianuier que Gregoire vnziesme Pape reporta la chaire de sainct Pierre à Rome estant sorty d'Auignon au mois de Septembre de l'annee precedente; Que si l'on m'objecte que Pierre de Carbonaria fut esleu Antipape à

Rome durant le Pontificat de Iean 22. Pape. Ie responds que cela aduint l'an 1328. en laquelle annee sainct Roch estoit ia trespassé, veu qu'il expira en vne conciergerie à Montpelier l'an 1327. apres y auoir crouppy plusieurs annees selon la côfession du mesme Maldura, & des autres qui ont escrit les beaux faits de sainct Roch ; & partant son trespas fut vn an auant le siege de c'est Antipape, qui se faisoit surnommer Nicola 5. du nom. Cecy demeslé ie reuiens au vertueux Cardinal, lequel retint sainct Roch en son Palais, où il fut nourry & entretenu l'espace de trois ans

au bout desquels ce vertueux
Cardinal trespassant, sainct
Roch ne voulut faire plus long
sejour à Rome.

SAINCT ROCH TRA-
uaille hors de Rome : il est frappé
de peste ; retiré il est consolé
de Dieu.

CHAP. VI.

IL sort donc de la ville,
& va battre la cam-
paigne des villes &
bourdages d'autour de Rome ;
ou auec le salutaire signe de la
croix il guerit ceux qu'il rencontre atteints de la peste.
Tous donnoient loüange &

gloire à Dieu de ce qu'en leurs
iours on voioit parmy le monde vn tel perſonnage, qui preſque retiroit les morts du cime-
tiere. Il parcourut toute la Lõ-
bardie tant de dela que de deça
la riuiere du Po, & purgea &
deſinfecta de la peſte du tout
ce qui eſtoit de dela le Po. Il
paſſe ce grand fleuue & vient
au païs de deça le Po merueilleuſement desbiffé & rauagé
de ce mal epidimique; là il s'a-
chemine en vn hoſpital, où il
eſt charitablement recueilly,
tous ceux qu'il y apperçoit in-
diſpoſez de maladie, à ſon ac-
couſtumee il les rend ſains auec
le ſigne de la croix. Or ſe trou-

uant

uant recreu du trauail & ac-
cablé de sommeil, il se met au
lict. Pendant qu'il y prenoit son
repos, voicy qu'en dormant
vne voix fort agreable luy disoit S. Roch mõ amy qui as fait
tant de chemin, paty tant de
froidures, enduré si souuent la
faim & la soif, & as prins tãt de
trauaux iusques à maintenant,
ce n'est pas tout il faut encores
que pour l'amour de moy tu
souffres des peines corporelles
S. Roch se réueille au bruict de
ceste voix, saisi d'vne grande fiéure & frappé en l'ayne
de la cuisse gauche, com-
me d'vn coup de flesche, *velut
ardente sagitta in coxam eius im*

miſſa : dit Krantzius. Ceſtoit
la poincture du mal peſtilentiel, dont la main diuine le fra-
pa. Il eſt moleſté en cét eſtat
d'ardeur & de douleur, qu'il ne
pouuoit en aucune maniere re-
poſer ny ſe tenir qu'il ne iettaſt
de grands cris. C'eſt pourquoy
hauſſant les yeux au Ciel dou-
cement il deuiſe auec ſon bon
maiſtre Ieſus. S'eſcriant, ô mon
doux Ieſus! quoy que iuſques à
l'heure preſente ie me ſois tenu
pour voſtre ſeruiteur, ſi eſt-ce
que maintenant, puiſque vous
me faites part de vos tourmens
& me rendez digne de patir
pour l'amour de vous, ie me
tiens pour vne ame cherie &

aymée de vous. Ha que ces
fascheries & douleurs me sont
douces & agreables! si vous y
voulez adiouster la mort ie la
receuray du meilleur cœur que
i'aye Ceste oraison finie, il se
met à se plaindre a la façon des
malades. Ceux que l'on menoit
à l'Hospital se prirent tous à luy
dire de se consoler & endurer
auec patience les douleurs qu'il
sentoit, qu'eux mesmes estoiēt
affligez de mal aussi bien que
luy S. Roch homme charitable
considerant que ces maux le
pressoient fort, & que possible
il ne se pourroit point tenir de
hausser sa voix, à raison des
douleurs extraordinaires que

Dieu luy faifoit reffentir. Les
faincts reffentent leur mal auffi
bien que ceux qui ne font pas
faincts. Toutesfois s'ils crient
& fe plaignent ce n'eft pas im-
patience, mais pour foulager
leur mal, veu que le crier allege
le trop aiguſentimēt de la douleur, ainſi qu'il appert en ceux
qui font trauaillez des gouttes,
leſquels affeurent que les cris
les allegent. S.Roch redoutant
de donner mauuais exemple
ou d'eftre facheux aux autres
malades, fe leue de la couche,
met le pied hors de l'Hofpital
& s'eftend par terre deuant la
porte de cét Hofpital. Les paf-
fans le voyant de la forte tan-

çoient le maistre de ceste maison des pauures & le sommoiẽt
de luy donner place dans l'hospital, cuidant que S. Roch fust
la estendu deuant le sueil de cét
Hostel-Dieu par la nonchalan-
ce de l'Hospitalier, lequel s'ex-
cuse & maintient qu'il n'y a
point de sa faute, si ce malade
gisoit sur les carreaux. C'est
parce que luy mesme de son
plein gré s'estoit separé des autres malades, de peur que par
ses plaintes il ne leur apportast
aucun ennuy ou fascherie. Ceste repartie fut cause qu'vn
chacun se print à croire que S.
Roch estoit vn fol, sans ceruelle & insensé: & pource comme

tels ils le chaſſent de la ville le
huans & crians: voila celuy
qui ſe meſle de guerir les autres
lequel eſt malade : riſee & huée
ſemblable à celle des Iuifs à
l'encontre de noſtre Seigneur
en croix, auquel ils crioient
que celuy qui a ſauué les autres
ſe ſauue ſoy-meſme. Ce ſainct
malade ſe recognoiſſant fort
hors de la ville (c'eſtoit celle
de Plaiſance) abandonné de
tout le monde , accompagné
de ſon ſeul Dieu, ſe retire du
mieux qu'il peut appuyé ſur
ſon baſton en vn bõis proche
de la ville, là n'en pouuant plus
il s'appuye contre vn cornillier,
qui eſt vn arbre portãt vu fruit

appellé cornille , ou quelque
temps il reposa sous cest arbre;
puis il se retire en vn certain
casot ou cahuëtte qui estoit
proche, ou il addresse derechef
sa priere à nostre Seigneur. Ie
sçais bien (dit-il) mon tres-
doux Iesus, les grãdes obliga-
tiõs que i'ay à vostre souuerain
Majesté , particulierement de
ce que vous m'auez voulu esprouuer, & affliger des maux
que i'ay biẽ merité. Car vo⁹ me
les enuoyez possible, parceque
ie n'ay pas seruy auec la charité
que ie deuois les pauures malades, & selon l'obligation que
vostre amour me commande.
Ie supplie tres-humblement

voſtre clemence & bonté de
me vouloir remettre & pardõ-
ner ceſte faute, car qui eſt celuy
d'entre les hommes, qui vous
puiſſe ſeruir comme vous le
le meritez. Pour tout cela ne
me laiſſez point à l'abandon, ô
mon tres doux Ieſus & ne per-
mettez pas que ie ſois deuoré
des beſtes ſauuages parmy ces
foreſts & lieux bocagers. Sainct
Roch n'eut pas mis fin à ſon
oraiſon que voila que Dieu, qui
n'abandõne point ſes ſeruiteurs
au beſoin, fait deſcendre du
Ciel & de la moyenne region
de l'air vne petite nuée, laquelle ſe plaçant à l'entrée de la cahuette ou repoſoit ſainct Roch,

fait rejaillir tout fur le chãp vne
fontaine de deſſous les pieds de
S. Roch, lequel extrememenr
reſiouy & rallegré de ceſte
ſource, ſe laue & rafraiſchit tout
le corps de l'eau d'icelle. Ce la-
uemẽt luy allegea les douleurs
qui l'accabloient, du moins
vne partie. Nous voyons encores auiourd'huy, (eſcrit Loïs
Maldura) ceſte fontaine miraculeuſe, ſans qu'elle ſe ſoit tarie
par le laps du temps.

UN CHIEN POURUOIT
de pain S. Roch : vn Gentil-homme le vifite, ce qui fe paffe entre eux.

CHAP. VII.

Oila S. Roch pourueu d'eau pour boire & pour fe rafraifchir, mais il luy manquoit du pain pour manger. Car il ne fe foucioit point d'autre feftin: le bon Dieu qui par vn courbeau pouruoyoit de viande à Helie au defert, & qui par vn autre courbeau fourniffoit tous les iours le pain de munition à fon

braue soldat S. Paul, premier
Hermite: ce bon Dieu dis-je
donna ordre que viure ne mã-
quaſt à S. Roch en ſa ſolitaire
retraitte. Car il pourueut autant
miraculeuſement à ſa fin qu'il
auoit pourueu à ſa ſoif & à ſon
mal. Voicy comment. Il y auoit
vn village non loin de ces boc-
cages & fuſtes on ſeiournoit S.
Roch, baſti de beaucoup de
belles & bonnes maiſons, ou
les principaux de la ville voiſi-
ne s'eſtoient retirez à l'eſcart
du mal. En ce lieu champeſtre
demeuroit vn Gentil-hóme de
grands moyens portant le nom
de Gothard Palaſtrelle, lequel
auoit vn grand train d'hommes

& de seruiteurs en sa maison
auec diuerses meutes de chiens
pour le deduit de la chasse. Gothard se mettant à table & te-
nant vn pain en sa main, vn de
ses chiens luy oste de la main,
& l'emporte droict à S. Roch.
Voila vne grande merueille
qu'vn chien animal gourmand
s'abstienne de sa proye pour en
refectionner S. Roch. Pour
ceste premiere fois le maistre
de ce chien ne fit pas conte autrement de la hardiesse de son
chien, cuidant que cest animal
luy auoit tiré ce pain des mains
ou pour passer le tẽps, ou pour
rassasier sa faim. Le iour suiuãt
le mesme chien continuë à dis-

ner & à souper de prendre
vn pain sur la table & de
l'emporter. Gothard voyant
cecy se fasche & crie apres ses
seruiteurs, dequoy ils lais-
soient mourir de faim ceste
pauure beste & ne luy donnoient à manger comme aux
autres chiens. A quoy les
seruiteurs respondirent & iu-
rerent qu'ils luy bailloient
du pain autant & de mesme
façon qu'aux autres. Que
s'il rauissoit ainsi le pain de
la table, ils ne sçauoient
d'ou luy pouuoit prouenir
cela. Gothard entendant
ceste response asseurée par
serment, se resoult d'espier

& fuiure fon chien ou il croit fi
d'aduanture il venoit plus ainfi
prendre le pain à table. L'on fe
met à table à l'accouftumee, &
le pain y eftant pofé voicy le
chien, lequel à fon ordinaire
s'approche & emporte vn pain.
Gothard fe leue de la table &
fe met à courir apres fon chien
qui fuyoit auec fa proye accouftumee. Ceft animal entre en
la hutte on eftoit fainct Roch,
deuant lequel baiffant la tefte
il prefente le pain qu'il auoit
enleué. S. Roch prend ce pain
& luy baille la benediction.
Gothard qui eftoit aux aguets
& qui remarquoit tont ce qui
fe paffoit eft bien efmerueillé

de voir ce qu'il voit, & tout
perdu d'estonnement s'escrie:
O Iesus admirable que mer-
ueilleuses sont vos voyes & la
façon que vous tenez à pour-
uoir aux necessitez de vos seruiteurs, il faut que ie confesse
que vostre pouuoir souuerain,
vostre bonté singuliere, & vostre affection sans mesure enuers ceux qui vous seruent.
Vous donnez des biens à foi-
son à ceux qui meurét de faim,
vous rendez les riches pauures & coquins lors qu'ils
vous seruent moins qu'à leurs
richesses. Vous auez eu soin de
repaistre & bailler à viure à
Helie per l'entremise d'vn

courbeau: Gothard donc s'approche de S. Roch, se iette à
ses pieds & luy demande qui il
estoit, & quel mal il souffroit.
S. Roch luy crie de se retirer &
de luy parler de loin, parce que
il estoit frappé de peste.   Gothard se retire & de la s'en va
en sa maison, ruminant par le
chemin le faict de son chien.
Ha, disoit-il, que ie suis miserable & mal-heureux & du
tout despourueu de la lumiere
diuine. Voila mon chien à qui
nature a denié tout entende-
ment & raison, ce n'est qu'vne
beste & toutesfois il a pitié de
ce pauure malade, auquel il à
cherché auec tant de hardiesse
du pain

du pain & luy a porté en son
petit casot. Quoy permetray
ie que cest homme affligé s'ar-
reste & perisse parmy les loups
& les bestes sauuages en vn lieu
si desert, & despourueu de tout
secours humain, puisque Dieu
m'a donné des biens pour le
pouuoir traicter, de l'enten-
dement pour cognoistre ce
qui est de bien & de mal,
& de l'affection pour porter
compassion à ceux qui sont
en misere. Outre que ie suis
bien instruit par la foy Chrestienne que Dieu ne laisse
aucun bien sans recompen-
se & que i'attends de luy vn

H

falaire eternel. A Dieu ne plai-
fe que ie fois fi cruel & inhu-
main que de commettre vn tel
pacte. C’eft pourquoy il s’ĕ retourne à S. Roch, luy crie mer-
cy, & luy tient tel difcours. Ie
te confeffe homme Bien-heu-
reux, que i’ay cõmis vne grande faute contre Dieu & contre
toy. Pour penitĕce de mon fort
faict, ie veux demeurer en cefte loge auec toy, & ne point
retourner à mon hoftel, que tu
n’ayes recouuert parfaicte fanté. S. Roch regarde ce Gentil-
homme & luy dit, voftre arriuée en cefte logette m’eft de
tãt plus à gré que ie fçais qu’elle
eft pluftoft par vne difpofition

diuine, que par vn conseil humain. Ie ne refuse point donc-
ques voftre ayde, ains vous exhorte à la continuer & perfeue-
rer en ce bié-faict. Dieu qui recompenfe tout vous en recom-
penfera; Car ie tiens que vous
ne manquerez point d'auoir la
vie eternelle puifque vous pro-
cedez auec tant d'amour de
és œuures de pieté, & qui con-
cernent Dieu. S. Roch & ce
bon Gentil-homme Gothard
s'entretindrent fi long-temps
en deuis fpirituels & à parler
des chofes de Dieu tous deux
par enfemble que la faim les y
faifi- & s'eftonnerent de ce que
le chié à fon accouftumée n'a-

portoit plus vne feulle miette
de pain. Lors Gothard dit à S.
Roch, il eft meshuy temps de
prendre quelque chofe, qu'elle
viande vous fera à gouft & de
quelle forte la voulez vous ap-
preftée. Auquel S. Roch refpõ-
dit. Ie ne veux point que vous
m'alliez chercher des viandes
en voftre maifon. Dieu en pour-
uoyera : il ne laiffe iamais auoir
faute à fes feruiteurs de ce qu'ils
ont de befoin : pourueu qu'ils
logent leur efperance en luy; au
rebours il ne fe plaift point à
leur bailler chofes fuperfluës. Il
faut donc maintenant que nous
gardions ce qu'il dit à nos pre-
miers parens. Vous gaignerez
voftre vie auec trauail & auec

sueur. Partant (adiouste S. Roch
parlant à ce Gentil-hóme) pre-
nez ce baston, ce bissac, ce chapeau, & ce manteau, & allez-
vous en par les villages voisins
mendier du pain de porte en
porte. C'est de la sorte que S.
Roch vouloit esprouuer ce sien
nouice en la vie spirituelle &
luy donner occasion en se mor-
tifiant pour Dieu de meriter. La
chose est recitee au long par
Maldura en parolles Latines
que ie proposeray en François.
Le Gētil hóme ne fait point de
refus à ceste semonce, ains l'asseure que pour l'amour de Dieu
il ne refusera aucune honte ny
trauail pourueu qu'il luy puisse estre agreable. Tous ceux

qui font & demeurent icy aux enuirons me cognoiſſent, ils ſçauent & ſont bien informés que i'ay des moyens, ils ne croiront pas que i'aye tant de faincteté, ny que ie ſois tombé en vne telle miſere, que ie ſois reduit à mendier mon pain. Ha dit ſainct Roch ! n'ayez point de honte, ſuiuez Ieſus-Chriſt & ſes Apoſtres, le Sauueur noſtre quoy qu'il fut Dieu, ſi eſt-ce qu'il n'a eu vergongne de ſe faire homme pour l'amour des hommes, & de demander l'au-moſne aux hommes. Les Apo-ſtres qui l'ont ſuiuy ont tenu à grand hõneur de mendier leur pain & n'ont point rougy de demander l'aumofne pour fon honneur & à fon imitation. Gothard encouragé de cefte remonftrance prend la beface fur fes efpaules, & s'achemine joyeufement vers la ville de Plaifance. Arriué il s'en va mendiant de porte en porte, chacun s'eftonne de voir ce nouueau mendiant que tous cognoiffoient & fçauoient fort bien qu'il eftoit homme riche & à fon aife. Il s'en va à la maifon d'vn fien amy, qui luy eftoit fort familier; c'eft amy le voyãt auec la beface eftonné de ce changement de vie, commence à le charger d'outrages, & à luy dire pouïlles, comme fi ce

bon Gentil homme eut mangé
ou ioüé tout son auoir. Ha, luy
crioit-il ce sont, ce sont les chiés
que tu auois en grand nombre
chez toy qui t'ont ruyné, tu leur
as baillé trop à manger, & man-
geans ils t'ont mange. Voila ta
maison bien accoustrée; dequoy viura ta famille, puisque
tu es reduit à mendier ton pain.
Miserable que tu es, si tu eusses
eu tant soit peu de ceruelle, tu
deuois plustost mourir de male
faim que d'aller en gueux par la
ville caymendant ton pain, du
moins en ceste façon tu eusses
sauué l'hóneur à toy & aux tiés.
or puisq; tu és reduit en cét estat
malheureux retire toy d'icy, tu
es digne

digne que l'on t'assomme, ainsi
qu'vne beste, ou que l'on t'a-
ualle la teste ainsi qu'à quelque
mal-faicteur. Gothard se retire
& ne pouuant plus supporter
ces outrages se plaignoit de
ce qu'il n'auoit peu trouuer vne
goutte d'amitié ou de misericorde en vn amy, duquel il faisoit tant d'estat & auoit tant de
confiance en son amitié. Enfin
ayant rodé toute la ville en cest
equipage, à peine peut il trouuer deux pains pour S. Roch
& pour luy, vers lequel il retourne luy racomptant par le
menu comme le tout s'estoit
passé. S. Roch alors esclairé de
l'esprit de Dieu luy signifie que

I

ce sien amy qui l'auoit si mal
mené de paroles & gourman-
dé si indignement estoit frapé
de peste accompaignée d'vne
grande douleur, & qu'il ne pas-
seroit point la iournée qu'il n'
sortit de ce monde pour alle
rendre compte à Dieu. Il fau
toutesfois porter compassion
l'ignorance de cest homme
qui n'a pas sçeu ce que vous fai
siez & auoir pitié des affligez
Cest pourquoy ie me resou
d'aller à la cité dót vous venez
& d'y departir par la vertu d
Dieu la santé aux malade
Cependant vous garderez nó
stre petite cabane iusques
mon retour.

SAINCT ROCH GUERIT
tous ceux de Plaisance : son nom
est desçouuert : il est guery
de sa peste.

CHAP. VIII.

Insi le lendemain ma-
tin sainct Roch se met
en chemin pour Plai-
sance appuyé sur son baston s'y
trainant comme il pouuoit. A
son ordinaire il va premierement à l'Hospital, il y conso-
le auec vn visage gay les malades, par bons propos & deuis spirituels, il les touche &
auec le signe de la croix il

I 2

les guerit. De l'Hoſpital il s'en
va pourmener par la ville, il
guerit tous ceux qu'il rẽcontre
atteints du mal peſtilentiel. Le
veſpre s'approchoit & le Soleil
s'alloit coucher, pource repréd
il ſes briſées pour ſe rendre en
ſa petite cahuette : Ainſi qu'il
paſſoit pour ceſt effect le bois
& la foreſt, les beſtes ſauuages
qui ſe trouuerent mal, toutes
accourent à luy, & ſe iettans à
ſes pieds par ſignes de compaſ-
ſion luy demãdoient gueriſon.
Il en y à qui cuident que les beſtes ſauuages ne ſont pas ſub-
iectes à maladies. Mais s'ils a-
uoient remarqué ce qu'eſcrit
Ariſtote au 9. liu. de l'Hiſtoire

des animaux, & Pline liu. 8. ch.
27. ils dōneroient congé à leur
pensée. Car tous deux escriuēt
que le dragon molesté de ses
vomissemens se sert pour y re-
medier du suc de laictuë sauua-
ge.   Pline adiouste que le san-
glier en ses maladies vse de lier-
re pour se guerir. Ie confesseray
bien nonobstant tout cecy que
peu souuent l'on rencontre de
bestes sauuages qui soient malades, quoy qu'il s'en retrouue
quelquefois. Ceux de la ville de
Plaisance asçauātez des prodi-
ges que S. Roch y auoit opercz
sortēt à foule de la ville & cou-
rent apres le S. & courans ils
entendent vne voix du ciel qui

retentiſſoit bien fort & diſoit
Roch, Roch nous auons exau-
cé ton oraiſon , & te rendons
la ſanté que tu as donnee aux
autres. Retourne t'en à ton païs
auec l'ayde de Dieu, afin que
tu y menes vne vie penitente,
& que par ce moyen tu ſois enroollé aux nombres des ſainćts.
Tous reſterent eſtonnez d'entendre vn nouueau nom, duquel iamais ils n'auoient ouy
parler. Vn de ceſte trouppe, lequel eſtoit homme de bien &
chery de Dieu, conjećtura bien
que ce Roch n'eſtoit autre que
celuy qui operoit tant de gueri-
ſons miraculeuſes. Toutesfois
n'en eſtant pas entieremét acer-

tainé pour s'en mieux asseurer il
entre dans le bois & se va rédre
à la loge de S Roch, ou le trou-
uãt il le saluë de ceste sorte. Dieu
vous gard Roch, le S. homme.
Ayãt apprins que Dieu a eu pitié de vous & qu'il vous a rendu
la santé & vous cõmende de retourner au lieu de vostre naissã-
ce, auãt que vous quittiez ceste
contrée ie vous ay voulu voir &
visiter. Et pource que par vn cõ-
mun & constant bruit nous a-
uons apprins que vous estiez
vn homme tout de Dieu, nous
venõs recõmander nostre ville,
ses habitãs & tout nostre auoir.
Vous requerãt de nous vouloir
assister du credit qu'aués deuãt
N. Seigneur. S. Roch qui iamais

n'auoit defcouuert fon nom à
perfonne. Qui eſt-ce dit-il, qui
vous a ſi bien enſeigné mon
nom ? l'autre luy raconte
de qu'elle façon il le ſçauoit.
Alors S. Roch qui cuidoit que
perfonne autre que luy n'euſt
ouy ceſte voix, defcouurit qu'il
s'eſtoit trompé, puifque celuy
auquel il parloit l'auoit ouyë.
C'eſt pourquoy ſe iettant à genoux deuant luy, il le ſupplie &
coniure de ne defcouurir à perfonne fon nom, à cê que plus
facilement fans eſtre recognu
d'homme du môde, il ſe puiſſe
rendre en fon pays. L'autre luy
promet de n'en rien dire à perfonne viuante. Ce fut donc à ce

retour de la ville de Plaiſance
que l'Ange deſcendit du Ciel à
S. Roch pour l'affranchir du
tourment de la peſte qui l'auoit
ſi mal mené beaucoup de téps.
Ses images & peintures auec la
traditiue font plus de foy de ſa
miraculeuſe gueriſon que les
eſcriuaius de ſa vie. Iaçoit que le
regiſtre des Chroniques eſcri-
ne que noſtre S. fut remis en ſanté
d'vne façon diuine. S. Roch re-
tournant à ſa cabane mit en e-
ſtonnement le Gentil homme
Gothard de ce qu'à ſon depart
il s'en eſtoit allé auec tant de
peine à marcher à cauſe de ſa
peſte, & que maintenant il s'en
retournoit ſi gaillard, il creut,

& ne se mesprint point que S.
Roch auoit esté guery miracu-
leusement. Cela luy causa vne
beaucoup plus grãde reuerence à S. Roch qu'il n'auoit encore eu. S. Roch l'exhorte de ne
vouloir plus retourner en sa
maison, ains plustost d'vser le
reste de ses iours en ermitage
& solitude parmy les bois au
seruice de Dieu, qui enseigne
& faict sçauans ceux qui le ser-
uét, les exhorte interieurement
à bien faire, & à vn soin particulier d'iceux. En ceste maniere, dit-il, vous vous façonnerez
vne robbe d'honneur pour le
Ciel, laquelle iamais ne s'vsera.
Gothard presta volontiers l'o-

reille à tout ce que S. Roch l'ex
hortoit, tellement qu'il l'asseura
qu'il mettroit à effect tout ce
qu'il luy auoit remonstré, pourueu qu'il luy permit de voyager
auec luy iusques au lieu, où il se
vouloit transporter; Que si ad-
iouste-il, vous ne trouuez pas
bon que ie vous tiéne compagnie iusques-là, du moins ie
vous requiers tres-humblemét
que vous me veüilliez & faciez
tant de bié que de vouloir vous
arrester icy auec moy, afin de
me façóner à la vie solitaire, &
qu'ayát apprins plus particulierement de vous quelques bons
enseignemés, ie le puisse par a-
pres pratiquer, & suporter auec

moins de dificulté les incõmo-
ditez de la solitude & d'ũ ermitage escarté des hómes. S.Roch
cognoiſſant la bonne inclina-
tion que ce vertueux Gentil-
homme auoit à bien faire, &
qu'en ſeiournant encore auec
que luy quelque temps il ne
profiteroit pas peu, changeant
d'aduis & retardãt ſon voyage
il luy promet de s'arreſter pour
certain temps auec que luy.
Ainſi S. Roch demeura quelques iours auec Gothard dans
la meſme cabane employant
tout ce ſien ſeiour à monſtrer
& enſeigner à Gothard les
beaux documens des anciens
Ermites, de S. Paul premier

Ermite, de S. Hierofme, de S. Antoine : enfemble de tous les autres qui auoient excellé en la vie eremitique & folitaire.

S. ROCH RETOVRNE en fon pays, il y eft faict prifonnier: comme il fe comporte en prifon.

CHAP. IX.

APRES auoir bien inftruit de la façon Gothard, ces deux fainctes ames fe difent vn gratieux adieu & fe feparent fuiuant la volonté de Dieu l'vn de l'autre.

Gothard restant seul és boca-
ges parmy les bestes, & S. Roch
prennant la route de France à
grandes iournées, afin d'éuiter
la vanité des loüanges humai-
nes, arriua en France assisté
de la faueur de celuy qui luy
auoit ordonné son retour, sçauoir est de nostre Seigneur, qui
vouloit estre glorifié par ce siē
seruiteur fidelle en autre endroit que parmy les forests. La
Prouince de Languedoc au retour de S. Roch estoit toute en
feu de dissention & en armes. Il
se rend à la ville de Montpelier,
& non pas en vne ville d'Alle-
magne, cōme quelques legen-
daires mal informez du retour

de S. Roch ont mal à propos
mis par escrit. Il auoit faict do-
nation à son oncle de ceste place sur son depart. Car comme
i'ay rapporté de certains, sainct
Roch estoit Seigneur de Montpelier, nõ en souueraineté. Car
c'estoit du Roy, ny auec fief
dominant ; Car il estoit de l'E-
glise ou de l'Euesque de Ma-
guelõne, ains auec vn riere fief
qui releuoit de l'Eglise de Ma-
guelõne : à cause de la Côté de
Mergueil. S. Roch suiuãt sa cou
stume entrãt en ceste ville s'en
va premierement à l'Eglise, où
pris & apprehendé comme es-
pion, il est garrotté par les Soldats & cõduit à son oncle. C'est

oncle en qualité de Seigneur &
Gouuerneur de la ville l'inter-
roge de sa condition & de son
chemin. S. Roch respond, qu'il
estoit seruiteur de Iesus-Christ,
& pelerin allant ça & là en deuotion. Le Seigneur son oncle
ne le recognut en aucune façõ,
non plus que Euphemiam ny
sa femme ne recogneurẽt leur
fils S. Alexis, à raison du pauure
equipage auquel il estoit, mal
vestu & tout poudreux ; partãt
cest oncle ordóne que S. Roch
fut ietté en vne basse fosse & en
quelque cachot des plus noirs
de la prison, se doubtant qu'il
ne fut quelque homme degui-
sé, qui fut entré en ville pour
con-

considerer ce que l'on y faisoit.
Il donne de plus mandement
aux soldats de le bien garder &
veiller de peur qu'il n'eschapast
en quelque façon. Sainct Roch
se voyant traicté de la sorte ne
s'esfraye en rien, ains rend graces à son Createur de l'hõneur
qu'il luy faisoit de patir pour
luy, prest à souffrir d'auantage
& à subir tous les tourmẽs qu'il
luy plairoit estre infligez pour
son seruice. Il est mené en prison & mis dans le croton obs-
cur du tout, & plein de scor-
pions. La il se met à genoux &
en prieres lesquelles il addresse
à nostre Sauueur & à sa beniste
mere, les suppliant de ne le vou-

loir point abandonner ; ains
qu'ils luy baillent courage , &
donnent ame pour exploicter
tout ce qui fera de leurs volon-
tez. Il n'eft pas la feulement affligé d'autruy , ains encores luy
mefme s'y afflige par aufteritez
& afpretez de vie ; il paffe les
nuicts fans dormir , il fe difci-
pline & bat à bon efcient , &
quoy que l'on ne face pas grãd
chere aux prifonniers qui vi-
uent du pain du Roy , ou de la
mifericorde d'autruy és prifõs,
fi eft-ce qu'il s'addonna fi foit à
l'abftinence , qu'il euft penfé
commettre quelque acte indi-
gne s'il euft mangé quelque
chofe de cuit , Il abbatit telle-

ment les forces de son corps
par ceste rude façon de viure
qu'il ne luy en restoit pas beaucoup, iugeant que l'oysiue demeure d'vne prison n'a pas be-
soin de tant de forces, qu'il luy
en auoit esté necessaire auparauant tandis qu'il voyageoit çà
& là. Il mena ceste vie auec telle rigueur l'espace de cinq ans
qu'il tint prison, sans auoir esté
appellé en la maison de son oncle pour y viure à guise de S.
Alexis, ou de sainct Iean Ca-
lybita en celle de leurs peres,
quoy que quelques vns l'ayent
osé aduancer. Pendant ce sien
triste sejour és prisons il ne
croupissoit pas oyseux, ou g ó-

dant à la façon des prisonniers
qui ne font ordinairement que
prescher leur innocence, & mesdire de ceux qui les ont mis
en prison, ou se plaindre de la
maigre chere qu'on leur fait
faire. Son occupation donques
estoit à mediter les beaux my-
steres de la mort & passion de
nostre Saũueur, delicieux en-
tretien des ames spirituelles;
Puisque au rapport du docte
Petrus Blesensis en son epistre
123. les anciens Anachoretes &
qui passoient leurs iours sans
hanter parmy le monde, tels
qu'estoient les saincts Paul,
Anthoine, Mutius, Hilaire,
Benoist & les Macaires, s'exer-

çoient en leur solitaire sejour
tous les iours quelque temps à
la meditation de la passion de
nostre Saüueur. Au bout de
ces cinq ans cognoissant que la
fin de ses iours s'approchoit, il
pria le geolier & les gardes de
la prison de luy faire parler à
quelque Prestre. On appelle vn
Prestre pour venir voir ce pauure prisonnier ; le Prestre vient
& entrant dans le cachot où gisoit sainct Roch , qui ne pouuoit d'aucun endroit receuoir
lumiere : cependant il le voit
luysant , comme luit en plein
my iour quelque chambre bien
percée de fenestrages. Ceste
lueur estonne le Prestre, il s'ap-

proche & regarde sainct Roch,
il sent que de son visage sor-
toit vne odeur diuine , & voit
des rayons tres-clairs jaillissans
de ses yeux. Le Prestre esperdu
de ce spectacle , n'osoit ny ne
pouuoir prononcer vne seule
parole , toutesfois enfin se re-
cuillant vn peu il demande à
sainct Roch que c'est qu'il luy
vouloit , sainct Roch se jette
aux pieds de ce Prestre, & le re-
quiert de le vouloir entendre
de confession, & qu'apres icelle
il luy apporte le tres-sainct
corps de Iesus. Le Prestre ayant
satisfait à ce que sainct Roch
desiroit de luy , s'en va au Seigneur de la ville , & l'aduertit

auec toute modeſtie de l'offen-
ce que Dieu receuoit en l'em-
priſonnement de ceſt homme
de bien, qu'il venoit de confeſ-
ſer és priſons ; que l'on l'y tenoit à tort , car il n'eſtoit cri-
minel d'aucune choſe, ains que
c'eſtoit vne tres-ſaincte ame
que l'on detenoit en ces baſſes
foſſes & bien cruelle priſon depuis cinq ans en ça. Il raconte
à ce Seigneur l'auſterité de vie,
dont s'affligeoit ce vertueux
priſonnier, ſa patience nom-
pareille & les lueurs qu'il venoit
de voir en ceſte priſon ; qui n'e-
ſtoient autre choſe que marques aſſeurees de ſa ſaincteté.
Le bruit de ceſte nouuelle s'eſ-

panche par la ville, chacun des habitans aſçauãtez de ces mer-ueilles ſouhaittoienr de voir ce qu'ils auoient apprins ; à ceſt effet ils accourent à foule en la priſon. Cependant la maladie ſe rengregeant en ſainct Roch, il s'édort pour vn peu de temps. Pendant ce ſommeil vn Ange de Dieu luy apparoit, & luy tient ces propos. Roch mon amy il eſt meshuy temps que ton ame ſoit portee au repos eternel, apres tant de fatigues entrepriſes & ſouffertes pour l'amour de Dieu. Parquoy ſi tu as quelque choſe à demander à la diuine bonté pour toy ou pour tous les autres, auant que

de partir de ce monde demande le hardiment, car rien ne te
fera refusé de tout ce que tu de-
manderas ou requerras à nostre bon Seigneur. Sainct Roch
n'est point sourd à ceste semó-
ce, ains addressant à Dieu sa
parolle s'escrie. Pere tres-doux
& tres-benin, qui auez fait passer à pied sec vostre peuple à
trauers des mers, l'affranchissãt
de l'esclauage d'Egypte, qui
auez retiré Loth vostre seruiteur de l'embrasement des villes desbordees & dissoluës apres
toute deshonnesteté, qui auez
conserué Ionas au ventre de la
Baleine, enfin qui n'escondui-
sez personne de ceux qui ont

esperance en vous. Ie vous requiers & supplie de tout mon
cœur que tous ceux lesquels
iuuoqueront ou se recomman-
deront à mon ayde pour estre
preseruez de l'impitoyable mal
de peste, qu'il vous plaise les en
deffendre & déliurer. Ie ne vous
demande pas que vous m'ac-
cordiez cela pour mes merites,
ains par vostre clemence nom-
pareille, cela ne soit point refusé à mes prieres, & que de
plus soit vostre bon plaisir de
receuoir mon ame & la loger
parmy les ames sainctes en vostre sejour eternel. Ie n'ay iamais rien fait de bon en ceste
miserable vie qui soit digne

d'vn tel don, toutesfois ie vous
prie de monstrer voftre mifericorde en mon endroit. L'oraifon de fainct Roch eftant para-
cheuee, il cogneut que fes prieres eftoient exaucees de celuy
que autresfois il auoit veu parmy fes extafes & rauiffemens.

SAINCT ROCH TRES-
paffe : il eft recogneu des fiens
apres fon trefpas : le temps
de fa mort.

APres tout cecy fainct
Roch eftendu par terre
les yeux hauffez au ciel,
compofant honneftement fon
corps rend fon ame bien-heu-
reufe à fon Createur , affifté

d'vn cœur d'Anges qui estoit
arriué pour emporter sa bien-
heureuse ame au ciel, ainsi que
le certifie l'histoire des Carmes.
Ceux qui estoient accourus à
la conciergerie , où S. Roch
estoit detenu prisonnier, voyēt
à trauers certaines fentes des
flambeaux luisans au tour du
corps de sainct Roch , ils en
baillent aduis au concierge,
lequel ouurant la geole , où S.
Roch estoit trespassé, l'on trouue le corps precieux de sainct
Roch gisant en terre ; il y auoit
des cierges allumez à sa teste &
à ses pieds , & à son costé, auec
vn carrel & tablette qui luy pē-
doit du col , où se lisoient ces

mots. *Peste laborantes ad Rochi patrocinium confugientes contagionem atrocissimam euasuros significo.* Ie fais sçauoir que tous ceux qui se retireront à la sauuegarde de S. Roch, eschaperont la contagion tres cruelle. Quelqu'vn possible dira qu'il y a maintes personnes, qui se sont recommandez aux prieres de S. Roch, qui pour cela n'ont laissé d'estre atteintes de la peste nonobstant ceste promesse de S. Roch. Ie respons premierement qu'il deuroit cotter quelqu'vn de ceux qui s'y sont addressez sans secours. Secondement ie respons que cela se doit entendre à la façon de ce qui eſt en l'Euangile en S. Marc chap. 11. ou noſtre Seigneur prononce de ſa veritable bou-che ; *Omnia quæcumquæ orantes petitis, credite quiã accipietis :* Croyez que vous receurez tout ce que vous demanderez en vos prieres. Et toutesfois combien de perſonnes prient qui ne ſont point exaucées & n'obtiennent point ce qu'elles demandent en priant. Partant ie conclus qu'il faut entendre ceſte promeſſe faite à S. Roch de la façon que s'entend la pro-meſſe de noſtre Seigneur à ceux qui font oraiſon, *pie & perſeueranter*, dit la gloſe ordi-naire ; C'eſt à dire qui prient

auec deuotion & perseuerance.
Ceux la obtiennent ce qu'ils
demandent. De mesme en ar-
riue-il à ceux qui reclament S.
Roch, le trespas duquel estant
rapporté par le menu au Seigneur de la ville, qui en estoit
fort estonné, fit enterrer en l'E-
glise auec magnificence & bel
arroy le corps de S. Roch, luy
mesme assistant en personne à
ce conuoy funebre. La mere
de ce Seigneur leut les tablet-
tes qu'on auoit trouuées aupres
du corps du trespassé, ou se li-
soit le nom de Roch; partant
elle s'escrie à son fils Mon fils
bien aymé, ce trespassé est vostre nepueu enfant de vostre

frere, lequel apres le decés de
son pere vous bailla ceste Seigneurie, s'en allant en Italie &
courir le païs. Ie vous prie à ce
que nous soyons plus asseurez
du tout, voyons son corps que
l'on a mis à la tombe, pour voir
s'il auroit point en la poitrine
vne croix empreinte. Car si no⁹
y trouuós cela, il est hors de dou
te qu'il est vostre nepueu & mõ
petit fils. Le corps est descouuert & la croix empreinte au
corps de mesme y est descou-
uerte. Alors ceste bonne mere
commence à tancer son fils de
sa cruauté, qui a esté cause de
la mort de son petit fils auec vn
deshonneur nompareil à leur

famille, car l'on dira crioit-elle,
que l'oncle a fait mourir son
nepueu, afin des'emparer & retirer son heritage à soy. Ceste
bonne dame, son fils & tous
ceux qui lors eurent cognoissance de cét affaire menerent
grand glas & furent en dueil à
bon escient d'vne chose si estrã-
ge & inopinée. Les habitans de
la ville accouroient & pleuroiét
à chaudes larmes sur le corps de
leur Seigneur, ils le baisent &
ne se pouuoient saouler de le
toucher & considerer, chacun
recommandãt à Dieu son ame.
Toutesfois à raison que sainct
Roch auoit moustré tant de
marques de saincteté, & qu'elle

parut en plufieurs miracles, fon
oncle fit baftir vne chapelle en
fon honneur, en laquelle plufieurs miracles furent operez
par les merites de fainct Roch,
felon que le remarque Krantzius au lieu cotté cy-deffus. Ce
Seigneur oncle de S. Roch cõ-
manda de plus que d'ores en
auant l'on chommaft le iour du
trefpas de S. Roch fon regretté
nepueu, chafque année le fei-
zefme d'Aouft, l'endemain de
la triomphante Affomption de
la mere de Dieu, chere dame
de S. Roch. Ce commande-
ment de la fefte de fainct Roch
ne s'entend que ciuilement, &
non pas à la façon des feftes

commendees par les Prelats de l'Eglise ; contre lesquelles ceux qui pechent offencent non seulement en desobeissance, mais font encores contre la vertu de religion : ce qui n'arriue pas faisant contre l'ordónance d'vn Superieur laïc , car pour lors la vertu de religion n'est point interessee , ains seulement la seule obeissance, ainsi que le remarque Suares en son premier tome *de Religione.* l. 2. ch. 12. traictant des festes. Du discours cy dessus se cognoist l'erreur de ceux qui ont par mesgarde aduancé que sainct Roch estoit trespassé de peste (ce qui n'est pas) pource que comme nous

auons monftré, il en fut guery
miraculeufemenr auant lon retour en France. Leur equiuo-
que eft femblable à celuy qu'ils
ont fait en la vie de 1ainct
Lois Roy de France, lequel
ils efcriuent auoir mis fin à
fa vie par pefte. En quoy ils
contredifent aux efcriuains de
fon temps, lefquels declarent
qu'il mourut d'vne dyfenterie
accompagnée d'vne fievre cõ-
tinuë, maladie voirement qui
eftoit peftilentielle, mais non
pas pefte; Car il y a des fievres
peftilentielles, mefmes hors le
temps de pefte, qui enleuent
beaucoup d'hómes de ce monde. Si S. Roch fut decedé de pe-

ste son conuoy funebre & son
enterrement ne fut esté si celebre & magnifique, veu que les
plus grands mourants de ce
mal sont enterrez sans celebri-
té & sans compagnie : & ce de
nuit plustost que de iour. Son
trespas arriua l'an 1327. qui
estoit de son âge le 32. le 16. des
Calendes de Septembre ; c'est
à dire le 17. d'Aoust : quoy que
sa feste se chomme le 17. des
Calendes de Septembre; c'est à
dire le 16. d'Aoust , selon la remarque qu'en fait Pierre de
Natalibus traictant de sainct
Roch. Genebrard en sa chro-
nologie le place sous Honorius 4. Pape, qui tint le Pontifi-

cat Romain depuis l'an 1285.
iusques à l'an 1288. sans qu'il
specifie la saison de son trespas.
Mais il faut confesser qu'il y a
de l'erreur au calcul de ces années, veu que sainct Roch n'e-
stoit pas encore au mõde pour
lors ; & qu'il ne nâquit que
l'an 1295. qui sont sept ans
apres le souuerain Pontificat
d'Honorius.

S. ROCH DELIVRE

de peste ceux de Constance pendant le Concile: son image portée en procession: sa deuotion esparse parmy la Chrestienté.

CHAP. XI.

Tousiours depuis sainct Roch a esté reclamé par ceux qui ont sceu son pouuoir à l'encontre de la peste, enuers lequel deuëment inuoqué il s'est aussi tousiours monstré propice. Ainsi qu'il le tesmoigna l'an 1414. lors que les Prelats de l'Eglise s'assem-

blerent à Constance en Ale-
maigne pour donner ordre au
schisme qui se formoit en l'E-
glise, à raison de trois qui se
disoient Papes & chefs de l'E-
glise. Tandis que ce Concile
siegeoit en ceste grande ville,
elle fut viuement attaquee de la
peste, & tous les Prelats fort
estonnez de la violence de ce
mal. Parmy ces affres & alar-
mes, voila vn jeune garçon
Alemand de nation, lequel se
presente en face de ce Concile,
& y harangue de ceste sorte.
Messieurs, quoy que Dieu soit
tout-puissant, & qu'il puisse de
luy-mesme purger ceste ville
du mal pestilentiel, qui s'y ru-

dement

dement la fourrage & rauage,
il a voulu toutesfois que les hô-
mes eussét recours à ses saincts
à ce que par leurs entremises &
intercessions il accordast beaucoup de choses aux hommes
qu'autrement il ne leur accor-
deroit pas. C'est pourquoy
mes reuerendissimes Prelats
ayant apprins qu'il y a en France vn sainct, puis n'a gueres entre les saincts appellé Roch, lequel est merueilleusement fauorable & propice à ceux qui
en tel danger, & pour telle maladie ont recours à luy, i'ay
prins la hardiesse de me preséi-
ter deuant vne si venerable &
auguste assemblée, afin de

vous supplier tres tous, & tous
tant que vous y rencontrés, de
vous addresser à ce sainct , &
ordonner que chacun s'y addresse par jeusnes & prieres , &
qu'à cest effet il vous plaise ordonner que procession gene-
ralle soit faite auec l'estendart
& l'image de sainct Roch , suppliant le Redempteur des hõmes par la faueur de ce sainct,
vouloir preseruer son peuple
de plus grands maux, & le déliurer de ceste contagion , qui
perd tout en ceste ville & és enuirons, Les Peres assemblez à
ce Concile furent esbaïs de ceste harangue , & de celuy qui
auoit harangué , qui selon son

âge tenoit plus de l'enfant que de l'homme. Toutesfois n'estans point ignorans que Dieu se sert souuent des petits pour grandes choses, ils prindrent en bonne part son aduis, & fut resolu qu'uil seroit suiuy de point en point. L'image de S. Roch est portee en ceste procession generale par les ruës de la ville presque de mesme façõ que l'image de la mere de Dieu fut portee en procession à Rome du temps de sainct Gregoire le grand pour mesme subiet, & auec semblable effet. Les Prelats de l'Eglise assemblez à ce Concile auec tout le Clergé & tout le peuple assistant auec deuotion à ceſte proceſſion, tous ieuſnants, & pluſieurs ſe diſciplinants & battants auec fouets à guiſe de battus & penitents. Ceſte pieté & deuotion pleut tant à la diuine miſericorde, qu'en faueur de ſainct Roch dans peu de iours la ſanté fut renduë à la ville. De ce fait les autres lieux prindrent exemple d'implorer & honorer ſainct Roch, ainſi que le remarque le P. Iacques Gautier en ſa chronique ſiecle 13. en particulier s'accreut merueilleuſement la deuotion & affection des Alemands enuers ſainct Roch. voire les peres qui ſe retrouuerent en ceſte aſſemblee y arri-

uez d'Italie emporterent auec.
eux ceste deuotion en Italie,
où ils firent cognoistre sainct
Roch, où depuis diuers Autels,
Eglises & chapelles ont esté
dreslees à son honneur, en plusieurs desquelles, on void des
dons appendus, tant pour raison des vœux que l'on a fait,
que pour cause des benefices &
guerisons que plusieurs en ont
reçeu. Ainsi le tesmoigne ex-
pressement Pierre de Natalibus
en la vie de sainct Roch, disant
que *ob innumerabilia eius mira-*
cula, basilicæ & sacella in dies ei
eriguatur vbique. Que pour cause de ses merueilles innombra-
bles on luy dresse des belles

Eglises & des oratoires tous les
iours & en tous lieux. De sorte
que non seulement l'Alemai-
gne & l'Italie ont tesmoigné
leur deuotion enuers sainct
Roch par tels edifices sacrés;
Mais bien plus nostre France
où l'on voit des oratoires de-
diez à sainct Roch sans nombre.   L'Espagne mesme a voulu auoir part à ceste deuotion
de la mesme sorte que les autres nations Chrestiennes. A
Lisbonne ville capitale du Por-
tugal, nostre maison professe a
son Eglise dédiee à S. Roch.
Octauio Pauciroli au lieu cité
confirme ce qui est de ceste deuotion vniuerselle enuers S.

Roch. L'an 1566 la confrairie de sainct Roch à Rome fut cõfirmee par Paul 4. auec bulle expresse contenant beaucoup de graces & priuileges. L'habit de l'Archiconfraternité de S. Roch est de verd auec l'image du sainct. Entre les priuileges accordez à ceste confraternité, c'est que le iour de sainct Roch elle peut déliurer vn prisonnier de ceux qui ont merité la mort, & le iour de l'Assomption nostre Dame elle colloque en mariage quelque pauure fille. Ces enseignes de la saincteté & du secours que sainct Roch a presté aux vns & aux autres ne se voient pas en Italie seulemẽ

ains encores en noſtre France
& autres lieux de la Chreſtienté
où la renommée de S. Roch
s'eſt eſtenduë , pluſieurs villes
& villages ont maintefois ex-
perimẽté le ſecours de S. Roch
ainſi que tous preſque le ſçauẽt,
& que ie l'eſcripray cy apres.
C'eſt pourquoy Molanus en
ſes additions ſur le Martyriloge
d'Vſuard donne à S. Roch ceſt
eloge, *contra peſtilentiam adjutor.*
Propice ou qui ayde contre la
peſte , & l'autheur du threſor
des Preſcheurs prononce que,
Deus pro peſtilentiæ incommodo &
plagæ deprecatorem voluit admitte-
re B. Rochum. Dieu a voulu que
S. Roch fut interceſſeur pour

deſtourner l'incommodité &
la playe de la peſtilence. Non
vrayement qu'il n'y eût d'autres
ſaincts inuoquez côtre ce mal,
tel qu'eſt ſainct Sebaſtien qui a
appaisé dans Rome du temps
du Pape Agathon vne grande
peſtilence, & vne autre à Pauie
l'an 582. au recit de Paul le Diacre liure 6. ch. 2. des geſtes des
Lombards. Toutesfois ce S. eſt
encores plus particulierement
reclamé, tant pource qu'il a eſté
pendant ſa vie frappé de ce mal
& guery pluſieurs d'iceluy, que
pource qu'à ſa mort il obtint de
Dieu ceſte grace particuliere.

COMMENT S. ROCH
*est canonisé : lieu exempt de
peste son corps transporté
à Venise.*

CHAP. XII.

Ainct Roch a fait res-
sentir si souuent à tant
de personnes & en
tant de lieux, le pouuoir que
Dieu luy a communiqué sur la
peste, que quoy qu'il n'appar-
tienne qu'au sainct Pere le Pape de canoniser les saincts, c'est
à dire, de declarer que les hon-

neurs qui sont deus à ceux qui
regnét auec Dieu peuuent estre
& seront rendus d'ores en auãt
à vn tel trespassé. Ces honneurs
sont que l'on les puisse inuo-
quer publiquement, dresser
Eglises & Autels soubs son
nom dire la messe en son honneur & autres rapportez par le
Cardinal Belarmin au traicté
qu'il a composé de la Beatitude
& canonisation des saincts l.
1. ch. 7. Nonobstant tout cela
la pieté & affection du peuple
Chrestien enuers sainct Roch
a eu tant de pouuoir que sans
autre information de sa saincteté. L'Eglise & son chef le S.
Pere ont aduoué tacitement

celte deuotion. Et ainfi Sainct
Roch a efté enroollé au nombre des faincts Côfeffeurs. On
en fait fefte prefque par toute
la Chreftiéré le 19.iour d'Aouft
ainfi que l'on en fait des autres
faincts canonifez. Que fi l'on
vouloit dire qu'il a efté canoni
fé à la façon de l'Eglife primiti-
ue en laquelle, au raport de Baronius fur le Martyriloge Romain le 2. d'Auril, l'Euefque
diocefain faifoit rapport de la
faincteté du S. au Primat de la
nation; lequel affemblant tous
fes Suffrageans & Prelats à
luy fubiets, confultoit de ce
fubiet auec eux, & puis en
prononçoit ce qui en auoit

esté determiné & resolu. Ad-
jouster telle chose, c'est à credit, à raisō que depuis plusieurs
siecles ceste façon de canoniser
a prins fin, & se trouue aussi peu
que S. Roch ait esté canonisé
de ceste maniere que de la premiere. Tellemēt que quād Pierre de Natalibus au liure de *San-*
ctis nuper canonizatis, rañge S.
Roch entre les saincts nouuel-
lement canonisez, il faut prendre ceste canonisation de la sorte que ie la viēs d'escrire. Octauio Pauciroli Chanoine de
Reggio en Italie en son thresor
de la cité de Rome l. 5. ch. 19.
imprimé dans Rome, mesme
l'an 1627. auec l'approbation

du maistre du sacré palais escrit
que quoy que ce sainct ne soit
pas canonisé , neantmoins à
raison de ce qui arriua au concile de Constance, ou dit Baronius, les honneurs qui sont
deus aux saincts furent rĕdus à
sainct Roch, & encores à cause
de ce que de main en main s'en
est ensuiuy, l'Eglise vniuerslelle
agree ce sainct ; & est en grande deuotion à tout le peuple
Chrestien. Cecy a esté vn pri-
uilege particulier à sainct Roch
veu qu'il ne se lit chose semblable d'aucun autre sainct depuis
le temps d'Alexandre 3. Pape
du nom, lequel *C. I. de reliquiis
& veneratione sanctorum* , veut

que personne ne soit canonisé
sans l'approbation particuliere
du sainct siege. Ceste difficulté
estant demeslee , ie produiray
quelques merueilles operees
par sainct Roch. Il y a vne par-
roisse en la basse Auuergne au
diocese de Clermont appellee
Gençon , laquelle de souuenã-
ce d'homme n'a iamais esté gastee de peste, quoy que les lieux
circonuoisins en ayẽt esté souuent infectez, & de telle sorte
quedes hõmes infets y ont quel
que fois semé par malice de
menus meubles , pour par ce
moyen infecter ce lieu. Ce que
iamais ils n'ont peu faire , estãs
preseruez ainsi qu'ils croyent

par sainct Roch, duquel ils gardent vn os de son corps auec grande reuerence. Ils confirment ce benefice de la traditiue qu'ils en ont de pere en fils, depuis le bon heur qu'ils ont receu du dõ de ceste relique de S. Roch, la feste duquel ils celebrẽt auec vne solemnité nõpareille, quoy qu'à la mode des villages, qui ne peuuent y apporter tant d'appareil que les villes Vn Medecin qui s'exposa à Mõtpellier à la peste il y a enuiron 100. ans, en vn poëme qu'il adresse en langage frãçois selon qu'il couroit alors declare que force villes de France ont esté déliurees de la peste par l'é-

tremise de sainct Roch : Voicy
ses vers en ce vieux françois.

Ire sainct Roch de Dieu amy,
Moult deuotement ie te pry ;
Que moy ton humble seruiteur
Me gardes de ce haut perir,
De la peste que voy courir &c.

    Apres ceste inuocation il adjouste ce
qui suit en mesme langage.
Helas qui sçauroit bien conter
Tes miracles, & raconter,
Ceux que tu as fait en ta vie :
Par toy cessa l'Epidimie,
A Tournay, Abbeuille, Amiens
Qui depuis ont ioüé ta vie
Te remercians de tes biens,
Comme ceux qui se disent tiens.

    Ce poëme ancien est à l'en-
tree d'vn liure que ce Medecin a composé de la peste,
que i'ay leu en la Bibliotheque
des Reuerends Peres Minimes

à Tolose. Ie ioindray à ces mer-
ueilles vne chose fort remarquable qui s'est passee dans le
conuent de sainct Roch de ceste ville de Tolose, ou font leur
seiour & demeure mesmes les
reuerends Peres Minimes. C'est
que l'annee 1628. au mois de
Nouembre, lors que le conuent estoit fermé, à cause du
mal contagieux qui estoit de-
dans, vn des Religieux y estant
mort d'vn charbon, vne lampe
qu'on tenoit allumee iour &
nuict deuant l'Autel de sainct
Roch, estant elleuee iusques à
quelques trois ou quatre pans
de la voute de l'Eglise toute allumee, à cause de certain ad-

uertissement que les Religieux
eurent que les heretiques de
Montauban les deuoient venir
assaillir ceste nuict là , pour ce
ne la voulut-on esteindre icelle
nuict, ainsi qu'on esteignit les
autres, & pource qu'on ne cro-
yoit pas qu'elle peut demeurer
gueres de temps allumee eu esgard au peu d'huile qui y restoit
& n'estoit que d'oliues , qui ne
dure pas tãt que les autrss huil-
les. Nonobstant cela elle demeura allumee trois iours &
trois nuicts; sçauoir est depuis
le Mecredy apres vespres, ius-
qu'au Samedy suiuant apres
vespres , sans estre attisee par
personne durant tout ce temps.

Ce pendant apres s'estre esteinte d'elle-melme il en restaau
fonds de la lãpe, pour le moins
deux doigts. Les Religieux sça-
chans par experience que ceste
lampe ne pouuoit durer si long
temps sans estre agencee, &
sans y mettre de l'huille, pour
ce que ceste lampe est petite &
ne peut contenir gueres plus
haut de demy liure d'huille. Ce
qui est encores à remarquer est
qu'elle paroissoit durant ce têps
par fois esteinte entierement,
& d'autresfois elle esclairoit
asses. Le Reuerend Pere Pro-
uincial des Minimes spectateur
de ceste merueille voulut sçauoir si quelqu'vn y auroit tou-

ché pour l'attiser & y mettre de
l'huille, & apres auoir deuëmēt
verifié que personne n'y auoit
touché, alla luy-mesme en personne, accompagné des Pe-
res & Freres voir l'estat de ceste lampe, sans la toucher nul-
lement par le trou & ouuertu-
re de la voute de l'Eglise, &
iugerent pieusement ; mais
sainement que ce ne pouuoit
estre sans miracle. Enfin trois
heures apres où enuiron la
susdite visite, elle s'esteignit
d'elle-mesme. Dieu se con-
tentant que ceste merueille
fut cognuë apertement. Du
depuis à mesme temps le Reuerend Pere Correcteur voulut

voir fi cela pouuoit eftre fait
naturellement, de forte que retint ceft huille, il fit garnir vne
autre lampe de mefme huille
d'oliue & cotton ordinaire, &
l'effleuer comme l'autre trois
ou quarre pans de la voute, laquelle ne demeura gueres plus
de vingt-quatre heures. Il refta
de ceft huile ainfi qu'il a efté dit
au fonds de la lampe pour le
moins deux doigts que le Pere
Secretain garde dans l'vn des
armoires de la facriftie. On en
oignit les playes de deux Religieux qui furent frappez de pefte durant le temps que ces Peres eftoient refferrez, lefquels
Dieu graces guerirent & font

presentemant en bonne santé.
L'vn de ces deux Religieux qui
furent frappez estoit le Pere
Secretain auec lequel les Religieux auoient communiqué &
conuersé familieremét, neantmoins il n'y eust Dieu graces
personne autre de blessé. Au
placard imprimé par l'ordonnance de Monsieur le Vicaire
general de Monseigneur l'Ar-
cheuesque de Tolose le 17.
d'Auril de la presente annee
1632. en action de graces de la
santé renduë à la ville de Tolose, & à tout le diocese apres le
grand degast & rauage que la
peste y auoit causé, tesmoigne
que sainct Roch pendant ceste

piteuse saison auoit esté propice à plusieurs qui l'auoient reclamé. Si i'eusse eu le bien que
de cógnoistre ces personnes &
d'en auoir tesmoignage authẽ-
tique, i'en eusse fait part au Le-
cteur plus au long. Les reliques
de S. Roch & son corps pour la
plus part, apres le Concile de
Constance furent transportez
en Italie par quelques vns de
ceux qui comparurent à ce Cõ-
cile. Depuis du temps qu'Innocent S. souuerain Pontife siegeoit, ce corps fut secrettement
enleué du lieu ou il estoit au
diocese de Tortone en Italie,
dit Volterran l.3. de la Geogra-
phie & transporté à Venise l'an
1485.

1485. ainſi qu'apres Krantzius eſcrit Octauio Panciroli en ſon threſor de Rome au lieu cy-deſſus cotté, au deuant duquel le Senat Venitien marcha en corps, & l'accueillit auec toute la magnificence & affection poſſible. La ville baſtit en ſõ hõ-neur vne Egliſe Collegiale au rapport de Sabellicus l. 9. en-neade 9. ou encores de preſent ſe gardent auec honneur ſes precieuſes reliques. Le meſme Octauio Panciroli en ſon threſor mentionné eſcrit que lors qu'on tranſporta le corps de S. Roch à Veniſe, Rome en retint vn bras auec l'eſcuelle en laquelle il beuuoit pendant qu'il voyageoit en ſes pelerinages.

O

Et se garde l'vn & l'autre en l'E-
glise de S. Marcel, ainsi que le
bras susdit en l'Eglise dediée en
son nom dés l'an 1499. & l'autre à S. Sebastien hors les murs
de la ville. Il y a vn de ses doitgs
Ste. Françoise de Rome, ainsi
que quelques autres pieces à
saincte Anne de Funari de la
mesme ville. I'ay apprins que
n'agueres, c'est l'année 1630. la
Seigneurie de Venise a enuoyé
pour grand present vn doigt du
du mesme S. Roch à la serenis-
sime Princesse Marie de Medi-
cis Royne de France & mere
de nostre tres-Chrestien Roy
Louis XIII.

BON-HEUR CAVSE' A
Montpelier par S. Roch, &
assisté du mesme sainct, quoy
que gasté par l'Heresie.

CHAP. XIII.

Laude Robert en sa Gaule Chrestiëne parlant des Euesques de Maguelone & de Montpelier dit que *non paruū decus afferthuic vrbi S. Rochi natalis.* Que la naissance de S. Roch n'a pas apporté vn petit hóneur à Montpelier, à raison qu'il n'y a rien qui tant illustre vne ville que la naissance d'vn sainct. La saincteté estant la plus illustre qualité que les hómes puissent pos-

seder en terre. D'ou vient que
l'Eglise de Montpelier presque
en tous ses offices fait comme-
moraison de S. Roch, depuis
lequel la ville de Montpelier a
esté honorée de beaucoup de
prerogatiues qu'elle n'auoit
pas deuant sainct Roch. Car
combien que quelques annees
auparauãt, sçauoir est l'an 1196.
au rapport de Midédorpius au
l. premier des Academies la
celebre vniuerssité y eût esté
establie, laquelle pour le regard
de la medecine est la premiere
de France & possible de l'Eu-
rope, & qu'à cest effet Chassa-
neus en son catalogue de la
gloire du monde par 10. cõsid.
32. range Montpelier entre les

vniuerſſitez fameuſes, ſi eſt-ce
que Montpelier n'auoit pas
l'honneur que d'eſtre de France quoy qu'il fut en France. Car
les Roys de Maillorque tenoiét
encores Montpellier l'an 1349.
comme eſcrit Hieroſme Surita
l. 3. de ſon hiſtoire des Roys
d'Aragon que Iacques Roy de
Maillorque vendit ceſte ville à
Philippe Roy de France, pour
la ſomme de ſix vingts mille eſ-
cus. Ainſi voila Môtpellier qui
ſecoüát le ioug d'vn petit prince & roitelet eſt fait du domai-
ne du premier de tous les Roys
Chreſtiens le Roy de France.
Le Parlement de Languedoc
y fut premierement eſtably, &
depuis remué à Toloſe. C'eſt

ainſi que le remarque Bellefo-
reſt en ſa coſmographie apres
d'autres, lorſqu'il traicte de la
Prouince de Languedoc. Il y a
chambre des Contes; Cour des
Aydes, Siege Preſidial, fabrique
de monnoye , & enfin l'Eueſché y fût transferé de Maguelō-
ne l'an 1536. de l'authorité de
Paul 3. Pape , & du conſente-
ment du Roy tres-Chreſtien
François premier. Ce tranſport
ne fût ſans raiſon , puiſque cōme aſſeure Chaſſaneus au lieu
cotté partie 12. conſideration
6. ceſte ville excelle & paroit
entre toutes les villes de Languedoc. Vrbain Pape de ce nō
de la maiſon de Roure au païs
de Geuaudan , les ſeigneurs de

laquelle se qualifient aujour-
d'huy du tiltre de Comte esle-
ué au souuerain Pontificat l'an
1362 embellit l'vniuerssité de
Montpelier d'vn beau college
portant le nom de college du
Pape afin d'y entretenir 12 pauures estudians en medecine, &
y bastit de plus la grand Eglise
en l'honneur de la mere de
Dieu, de sainct Benoist & de S.
Germain Confesseurs, de laquelle il cõsacra en propre personne le maistre Autel assisté
de la plus part des Cardinaux
de sa Cour, selon qu'il est recité
par le supplement des Annales
de S. Victor de Marseille. Mar-
tin 5. Pape du nom l'an 1422.
luy fit part de beaucoup de pri-

uileges ; ainſi que l'vn de nos Roys Charles huictiefme, l'an 1483. ſelon qu'il ſe peut lire en diuers autheurs, qui ont traicté des vniuerſſitez. Nonobſtant cecy le vice s'y eſtant gliſſé, l'Hereſie s'y fourra, laquelle a rauagé cruellement ceſte ville, en laquelle ſe voyoient de belles Egliſes, telles qu'eſtoient la Cathedrale dediée à S. Pierre. Noſtre Dame des Taules, S. Firmin, S. Hilaire, Ste. Magdeleine. S. Thomas, S. Saulueur le grand, S. Ieã, S. Denys & pluſieurs Conuens & Monaſteres ruynez l'ã 1563. par la rage infernale des Huguenots, qui s'en emparerent. Il eſt à croire que les pechez en

furent cause puisque l'Heresie
est le dernier fleau & le plus rude, dôt Dieu chastie les pechez
des peuples. Les pechez ny cô-
mencerent pas pour lors, veu
que desia Innocent Pape 3. du
nom qui seoit dés l'an 1200. *C.*
Abolendæ. De sepulturis se plaint
d'vn abus, qui estoit à Montpelier : ou l'on ne vouloit point
donner de sepulture aux trespassez, que l'on n'eut payé vne
somme d'argent, pour la terre
ou l'on deuoit estre enseuely.
De fait vne personne digne de
foy & vertu natifue de Montpelier & au temps que l'heresie
y commença, racontoit que
quelque temps auparauant que
l'Heretique s'éparast de Montpelier, fut ouye vne voix en l'air

qui crioit abyſme abyſme ceſte ville. Mais qu'vne autre voix s'étendit reſpondant ; ie ne puis parce que Marie & Roch la ſouſtiennent. De ſorte que ſi elle a eſté retirée de l'Hereſie par noſtre Roy tres-Chreſtien Louis XIII. de l'authorité duquel vn College de noſtre Cõpagnie y a eſté eſtably depuis peu d'années, ça eſté la ſecrette aſſiſtance de la mere de Dieu & de S. Roch, qui ont touſiours conſerué dans Montpelier du moins la moitié des habitans Catholiques, qui n'ont voulu fleſchir le genoux à Baal, ny à l'Hereſie. Il eſt bien croyable que S. Roch a fait autãt de prieres pour ſa patrie , que le Prophete Ieremie en faiſoit , ainſi

qu'il est rapporté au 2. des Ma-
chabees, ou Onias le grãd Prestre prononce de luy. *Hic est qui*
multum orat pro populo & vniuer-
sa sancta ciuitate Ieremias Prophe-
ta. C'est icy celuy qui prie à bon
escient pour le peuple & toute
la Ste. Cité Ieremie le Prophete,
& toutesfois comme dit S. Paul
aux Hebr. c. 9. *Nondũ erat propa-*
lata sanctorũ via. La voye des SS.
c'est à dire, du ciel, n'estoit pas
encores ouuerte , puisque les
ames trespassées en grace en l'ã-
cien testament n'estoient point
receuës au ciel , ains seulement
au Limbe des Peres, où ils n'a-
uoiẽt pas la claire visiõ de Dieu;
ainsi que les saincts trespassez
de ce temps, qui vont au ciel &
iouyssent de la veuë de Dieu à

descouuert, & par consequent
cognoissent bien mieux les necessitez de ceux qui les touchēt
en quelque chose, & qui les
prient, que ne faisoient pas les
Saincts de l'ancien testament,
qui ont esté priués de cette visiō
de Dieu, iusques à la triōphan-
te Ascensiō & entrée du Fils de
Dieu en l'Empyree & au Para-
dis. Or puisque les saincts en
l'autre monde ont tant de sou-
uenir de ceux qui restent en ce-
luy-cy, ie supplieray ce sainct
de n'estre seulement propice à
sa patrie & à la France, ains encores à celuy qui a recueilly ce
peu de ses gestes à son honneur
& reuerence.

FIN.